Edith Slapansky

Oma lässt uns nicht verhungern
(1945–1949)

novum pro

www.novumverlag.com

Bibliografische Information
der Deutschen Nationalbibliothek:

Die Deutsche Nationalbibliothek
verzeichnet diese Publikation in
der Deutschen Nationalbibliografie.
Detaillierte bibliografische Daten
sind im Internet über
http://www.d-nb.de abrufbar.

Alle Rechte der Verbreitung,
auch durch Film, Funk und Fernsehen,
fotomechanische Wiedergabe,
Tonträger, elektronische Datenträger
und auszugsweisen Nachdruck,
sind vorbehalten.

© 2020 novum Verlag

ISBN 978-3-99064-787-5
Lektorat: Marie Schulz-Jungkenn
Umschlagfoto: Andreas Knüpfer
Umschlaggestaltung, Layout & Satz:
novum Verlag

Gedruckt in der Europäischen Union
auf umweltfreundlichem, chlor- und
säurefrei gebleichtem Papier.

www.novumverlag.com

1945

Ich habe das Bedürfnis, über eine ungewöhnliche Frau, meine Großmutter, zu schreiben. Aber ich weiß nicht so recht, wo ich beginnen soll. Ich denke mir, ich beginne mit einem prägnanten Ereignis in den letzten Kriegstagen.

Kurz vor Kriegsende hatten wir keinen Schulunterricht mehr, worüber wir Kinder keineswegs traurig waren. Damals war ich gerade erst neun Jahre alt und freute mich sehr über die zusätzlichen Ferien. Vom Krieg als solches verstanden wir Kinder überhaupt nichts. Wir wussten auch nicht wirklich, worum es dabei ging – flüsterten uns aber hinter vorgehaltener Hand ins Ohr: „Den Krieg haben wir verloren!?" Aber das durfte man nicht laut sagen. Solche Worte hatten wir von Erwachsenen gehört und plauderten nach, ohne sie wirklich zu verstehen.

Ich bat meine Mutter, die geschenkten Ferien bei meiner Tante Frieda auf dem Land verbringen zu dürfen. Hier verbrachte ich auch sonst immer meine Schulferien.

Ich war in Ratzeburg zu Hause, und meine Tante wohnte auf der „Bäk", knapp drei Kilometer von uns entfernt. Diese Strecke musste ich zu Fuß gehen, was mir überhaupt nichts ausmachte. Für mich war nur eines wichtig, so schnell als möglich dorthin zu gelangen.

Helga, die jüngste Tochter meiner Tante, war in meinem Alter, wir verstanden uns ungewöhnlich gut, und darum war ich auch so gerne bei ihr.

Meine Mutter erlaubte mir, zu ihr zu gehen. Überglücklich wollte ich mich mit einer kleinen Tasche, die mir meine Mutter mit dem Notwendigsten gepackt hatte, sofort auf den Weg machen. Doch sie überraschte mich liebenswürdigerweise und sagte, dass sie mich mit dem Fahrrad zur Tante fahren wolle, damit ich die Tasche nicht den langen Weg tragen müsse. Sie wollte auch mit der Tante besprechen, wie lange ich bleiben durfte.

Tante Frieda war ihre Schwägerin, sie verstanden einander schon immer sehr gut, und meistens waren wir in den Schulferien bei ihr auf dem Land.

Helga und ich nahmen uns kaum Zeit zur Begrüßung, wir konnten es kaum mehr erwarten, draußen unterwegs zu sein. Jede Minute war kostbar für uns. Wenn es das Wetter erlaubte, waren wir den ganzen Tag im Freien an der frischen Luft. Bevorzugt tummelten wir uns auf der Wiese hinter dem Haus, auf der eine alte Weide stand, die wir als Baumhaus nutzten. Sie war nicht allzu hoch, sodass wir leicht hinaufklettern konnten und im alten Geäst bequem Platz zum „Wohnen" hatten.

Zusätzlich war der kleine Bach, der nicht weit entfernt von der Weide durch die Wiese floss, bei uns sehr beliebt. Darin gab es massenhaft Kleingetier, was immer großes Interesse bei uns weckte. Besonders die kleinen Stichlinge hatten es uns angetan, und unsere Fantasie kannte keine Grenzen, sodass wir auch sofort eine Idee hatten, wie wir in Besitz eines so süßen kleinen Fisches kommen konnten.

Gemeinsam gingen wir ins Haus zur Tante, baten sie um ein Einsiedglas und eine Schnur, um damit einen der herzigen kleinen

Fische zu fangen. Ungern gab sie uns ein Glas mit nach draußen, weil sie Angst hatte, es könnte zerbrechen und wir könnten uns daran verletzen. Um in den Besitz des Glases zu kommen, versprachen wir, gut aufzupassen.

Am Bach angekommen, banden wir die Schnur um den Rand des Glases, welches wir blitzschnell in die Höhe ziehen wollten, sobald sich ein Fisch darin befand. Wir legten uns am Rand des Baches auf den Bauch, versenkten das Glas im Wasser und warteten geduldig auf der Lauer, in der Hoffnung, dass ein Stichling hineinschwimmen würde. Zu unserer großen Freude brauchten wir nicht allzu lange zu warten, schon nach kurzer Zeit schwamm ein neugieriger kleiner Fisch ins Glas. Geschwind zogen wir es an der Schnur in die Höhe. Zu unserer großen Überraschung waren nicht nur der Fisch im Glas, sondern auch einige Kaulquappen, und wir waren sehr stolz über unseren gelungenen Fang.

Voller Freude liefen wir mit unserem „Aquarium" zur Tante ins Haus, um ihr unseren großartigen Fang zu zeigen. Sie bewunderte den Stichling, meinte dann aber: „Es ist besser, wenn ihr ihn wieder freilasst, da er sonst nicht lange überleben wird." Helga und ich waren ein wenig enttäuscht über ihre Aussage, wir wollten ihn auf keinen Fall sofort wieder freilassen, und so kamen wir zu dem Entschluss, ihn tagsüber bei uns zu behalten, aber damit er nicht sterben musste, wollten wir ihn am Abend wieder in den Bach zu seiner Familie zurückbringen. Der Fisch hat den Tag tatsächlich überlebt.

Ständig waren wir auf der Suche nach neuen Abenteuern. Die meisten Leute in unserer näheren Umgebung kannten uns schon. Solange wir nichts anstellten, duldeten einige Nachbarn auch, dass wir durch ihre Gärten streiften. Es kam auch vor, dass wir verjagt wurden, aber das machte uns überhaupt nichts aus, wir gingen eben woandershin.

Ein Garten hatte es uns besonders angetan, weil sich darin noch ein alter, gemauerter Backofen befand, in dem in früheren Zeiten Brot gebacken worden war. Unsere Vorstellung war, hier könnte sich das Märchen von Hänsel und Gretel zugetragen haben. In unserer Fantasie sahen wir das Geschehen und wurden das sonderbare Gefühl nicht los, dass die Hexe sich hier sicher noch irgendwo im Gebüsch versteckt halten könnte – und uns beobachtete.

Ein anderes Mal spielten wir Familie. Dafür brauchten wir aber ein Kind, und hierfür musste Tante Friedas Hauskatze herhalten. Wir zogen ihr Puppenkleider an und banden ihr ein Hauberl auf den Kopf, was ihr überhaupt nicht gefiel. Zu allem Übel wurde sie auch noch in den Puppenwagen gesteckt. Nach dieser Aktion waren wir immer ganz schön zerkratzt, weil die Katze nicht freiwillig stillhielt. Und um die Katze im Wagen zu halten, drückte ich sie mit der einen Hand nieder, damit sie nicht herausspringen konnte, und mit der zweiten Hand schob ich den Wagen. So konnte ich nur in gebückter Haltung vorankommen.

Bei der kleinsten Unaufmerksamkeit nahm die Katze ihre Chance wahr, sprang aus dem Puppenwagen, um zu verschwinden. Es war schon ein lustiger Anblick, die Katze in Jäckchen und Hauberl durch die Gegend flitzen zu sehen, bis die Tante sie wieder aus ihrer misslichen Lage befreite. Die Katze nahm in weiterer Folge schon Reißaus, wenn sie uns nur von Weitem sah. Ich glaube, sie mochte uns nicht mehr, dabei meinten wir es so gut mit ihr.

Bei all unseren Aktivitäten vergaßen wir sogar das Essen. Nur wenn uns der Hunger zu sehr plagte, machten wir uns auf den Heimweg, um ihn zu stillen. Meine Tante kochte den besten Eintopf der Welt, den man sich nur vorstellen konnte. Außerdem war es ein Gericht, das man schnell aufwärmen konnte, da Tante Frieda ja nie sicher wusste, wann wir zum Essen vorbeikamen. Wir verschwendeten kaum Zeit damit, unseren Hunger zu stillen, und machten uns augenblicklich wieder auf den Weg – zu neuen Abenteuern.

Wenn es uns zwischendurch einmal nach einer Jause gelüstete, schauten wir auf einen Sprung bei unserer Uroma vorbei, die in der nächsten Ortschaft wohnte, in einer längeren Häuserzeile, wo in allen Fenstern die gleichen Blumentöpfe mit roten Geranien standen, die uns schon von Weitem entgegenleuchteten.

Gerne kamen wir zwischendurch zu ihr auf Besuch. Sie buk nämlich, unserer Meinung nach, das allerbeste Milchbrot, was es auf der Welt gab. Es war auch sonst sehr gemütlich bei ihr, und sie ließ uns nur in die gute Stube, wenn wir vorher die Schuhe ausgezogen hatten. Wir nahmen brav auf dem alten roten Plüschsofa Platz. Uroma benutzte extra für uns ihre schönen Teller mit dem Veilchenmuster, um uns das Milchbrot darauf zu bringen, das wir so gerne bei ihr aßen, und dazu gab es ein Glas Milch.

Unsere Uroma war eine gebürtige Schwedin, die nach Deutschland ausgewandert war. Wir liebten sie beide sehr – und sie uns. Sie war ein sehr ruhiger ausgeglichener Mensch, und wir fühlten uns immer besonders wohl bei ihr. Wahrscheinlich, weil wir zwei unruhigen Geister das exakte Gegenteil waren.

Als wir alle drei gemütlich bei Tisch saßen, fragte sie uns, was wir denn heute schon alles unternommen hätten. Ich fragte an Stelle einer Antwort: „Uroma, was sind das für Männer da draußen in Uniform?", die ich von meinem Fensterplatz aus vorbeifahren sah. „Sie fahren alle auf Fahrrädern!", sagte ich. Uroma stand auf, um aus dem Fenster zu schauen, damit sie verstand, wovon ich sprach.

„Um Gottes willen!", rief sie, „die Männer in den grauen Uniformen schauen aus wie russische Soldaten!"
„Was sind Russen?", fragten Helga und ich wie aus einem Mund.

„Das sind Soldaten", antwortete sie. „Und was machen die hier?", fragten wir. Sie kam nicht mehr zum Antworten, denn im selben Augenblick klopfte es heftig an der Tür. Uroma öffnete, und meine Mutter stand im Türrahmen und sagte sehr aufgeregt: „Edith, du musst sofort mit mir nach Hause fahren, bevor die Grenze zur Bäk geschlossen wird." Sie war so aufgeregt, dass sie sogar das Grüßen vergessen hatte, und schilderte ihrer Oma sehr emotional, was geschehen war.

„Die Russen marschieren gerade ein! Bis zum Abend soll die Grenze zu euch geschlossen werden! Ich muss mit Edith unbedingt noch rechtzeitig zurück nach Ratzeburg!", sagte sie aufgeregt. Meine Uroma erschrak, und ich fing laut an zu heulen, weil ich nicht mit meiner Mutter nach Hause wollte, wo es hier doch gerade so schön war. Helga stand stumm daneben und sagte kein Wort. Sie hatte auch nicht verstanden, worum es hier eigentlich ging.

Meine Mutter umarmte und küsste ihre Oma ganz fest und verabschiedete sich von ihr und Helga, sagte aber noch: „Wenn es eine Möglichkeit gibt, lassen wir von uns hören! Und grüße den Opa noch von mir!" Danach sagte sie zu mir, dass auch ich mich verabschieden möge, weil uns die Zeit sonst zu knapp werden würde. Ich tat, wie mir geheißen, und trottete weinend hinter ihr her.

Meine Mutter war mit dem Fahrrad gekommen, und ich setzte mich hinter sie auf den Gepäckträger. Bevor wir losfuhren, drehten wir uns noch einmal um, um Urgroßmutter und Helga zu winken, die weinend in der Eingangstür standen.

Der Weg nach Ratzeburg war mit dem Fahrrad schnell bewältigt. Die drei Kilometer hätte meine Mutter in einer viertel Stunde schaffen können, wenn nicht auf halber Strecke ein ziemlich lang ansteigender Berg gewesen wäre, den wir zu

Fuß gehen mussten. Eine lange Reihe fremder Soldaten ging an uns in entgegengesetzter Richtung vorbei. Sie flößten uns schon ein wenig Angst ein, die fremden Männer. Oben am Berg angekommen, setzten wir unsere Fahrt auf dem Fahrrad fort. Meine Mutter trat ganz fest in die Pedale, um schnell aus diesem etwas unheimlichen Gebiet herauszukommen. Es hätte ja sein können, dass wir aufgehalten worden wären und man uns ohne Weiteres dabehalten hätte. Genau davor fürchtete sich meine Mutter.

Aber wir hatten einen Schutzengel dabei und sind unbeschadet nach Hause gekommen. Wir fuhren direkt zu meiner Oma, wo auch mein jüngerer Bruder Dieter während unserer Abwesenheit voller Sorge auf unsere Rückkehr wartete.

Meine Mutter berichtete ihrer Mutter über den letzten Stand der Dinge. Nun machte meine Oma sich logischerweise Sorgen um ihre alten Eltern. Uropa habe ich noch nicht erwähnt, weil er bei dem, was geschehen war, nicht anwesend gewesen war.

Die Urgroßeltern waren beide noch rüstig für ihr Alter, aber dass nun jeder Kontakt zu ihnen durch neue Grenzen unterbrochen werden sollte, beunruhigte meine Oma sehr. Sie erzählte meiner Mutter, was sich tagsüber in Ratzeburg zugetragen hatte. „Hier sind die Engländer einmarschiert, wer weiß, was uns hier erwartet?", sagte sie verängstigt.

Wir sollten es schon bald erfahren. Als Erstes wurde eine Ausgangssperre verordnet, die allerdings schon nach kurzer Zeit wieder aufgehoben wurde. An einem anderen Tag hieß es, dass sich alle Männer im Ort innerhalb kürzester Zeit auf dem Marktplatz zu versammeln hätten. Dazu gehörte auch mein Opa. Diese Männer sollten nach England in Gefangenschaft überstellt werden, hieß es.

Meine Oma war völlig außer sich, sie hatte ihre drei Söhne im Russlandfeldzug verloren, und nun wollte man ihr auch noch den Mann wegnehmen. Dafür hatte sie kein Verständnis. Sie versammelte einige Frauen, die in der gleichen Lage waren, um sich, und sie marschierten gemeinsam auf den Marktplatz, wo sie den Kommandanten weinend um Gnade für ihre Männer baten. Diese saßen bereits auf den Lastwagen und erwarteten ihren Abtransport in die Gefangenschaft.

Einige Soldaten wollten die lästigen Frauen sofort vertreiben. Aber diese waren hartnäckig, blieben standhaft und wichen keinen Schritt zurück, sodass die Situation für die Soldaten peinlich wurde. Sie wussten nicht recht, was sie mit den Frauen anfangen sollten. Der Kommandant zog sich mit einigen Soldaten in die Kommandantur zur Beratung zurück. Es dauerte nicht lange, bis sie wieder erschienen und ein Dolmetscher seinen Entschluss kundtat.

Männer, die ein gewisses Alter überschritten hatten, durften die Autos verlassen und nach Hause gehen. Mein Opa war Gott sei Dank auch dabei.

Nun brach die Zeit der ganz großen Veränderung für ein ganzes Volk an. Alles drehte sich ausnahmslos nur noch um die Beschaffung von Nahrungsmitteln, und der Schleichhandel begann zu blühen. In dieser extrem schlechten Zeit wuchs meine Großmutter über sich selbst hinaus. Sie war auf dem Gebiet eine echte Beschaffungskünstlerin – schließlich hatte sie eine größere Familie zu versorgen. Bei meinen Großeltern lebte ein älterer Cousin von mir namens Otto. Er war Vollwaise, wurde von ihnen aufgenommen und versorgt. Zusätzlich versorgte Oma meine Mutter, meinen Bruder, mich und meine Tante – die ältere Schwester meiner Mutter, die in Hamburg ausgebombt worden war. Immerhin waren wir sieben Personen, die sie ernährte.

Die gesamte Bevölkerung bekam jetzt Lebensmittelkarten zugeteilt, mit denen man mehr schlecht als recht überleben konnte, aber nie wirklich satt wurde. Hunger kann ganz schön wehtun, und dem sind wir dank der aufopfernden Unterstützung unserer lieben Oma einigermaßen entgangen.

Eine zusätzliche Sorge blieb noch der Kontakt zu ihren alten Eltern auf der Bäk. Die Grenze verlief oberhalb des Ratzeburger Waldes, wo sich an einem Spitz die Straße teilte. Die linke ging in die Bäk und die rechte nach Mechow. An besagtem Spitz befand sich ein kontrollierter Schlagbaum, von wo aus man jetzt nicht mehr über den gewohnten Weg zu meiner Uroma gelangen konnte. Es gab nur einen Weg zu ihnen – den um den See im Schilfgürtel.

Dazu muss ich sagen, dass meine Großeltern in einem Haus der Domgemeinde wohnten, das ganz dicht am See lag, gegenüber der Bäk. In diesem Haus waren auch Flüchtlinge aus Pommern sowie meine ausgebombte Hamburger Tante untergebracht. Jetzt trennte uns faktisch der Ratzeburger See von einem Teil unserer Verwandtschaft. Das Haus sollte noch wegen seiner extrem günstigen Lage zu einer wichtigen Anlaufstelle für Flüchtlinge aus der sowjetischen Besatzungszone werden.

Wer von der Familie würde nun den riskanten Weg um den See im Schilfgürtel in die russisch besetzte Zone wagen? Schließlich wollten wir in Kontakt mit unseren Urgroßeltern bleiben und wollten wissen, wie es ihnen ging. Meine Mutter erklärte sich sofort für diesen Gang bereit, was meiner Oma natürlich missfiel. Das Risiko, erwischt zu werden, war immer gegeben, und was ihrer Tochter dann passieren würde, wollte sie sich lieber nicht ausmalen.

„Ich kann sie ja begleiten und beschützen!", mischte sich Otto ins Gespräch, und meine Mutter fand die Idee großartig. Aber meine Oma war anderer Meinung. „Was ist ein noch nicht ganz elfjähriger Bub für ein Schutz?", fragte sie etwas lautstark. Alle waren still. Doch Otto war hartnäckig und wahrscheinlich auch ein wenig abenteuerlustig. Er meinte: „Wir sind im Schilf gut versteckt. Doch sobald wir aus dem Schilf herauskommen, dürfen wir nicht die Hauptstraße nehmen, sonst würden sie uns sofort erwischen. Aber auf dem Feldweg werden sie uns nicht sehen! Die Tante soll einfach alte Kleider anziehen und ein Kopftuch umbinden, damit sie nicht zu jung aussieht!"

Nach langen Debatten ließ sich meine Großmutter in der Hoffnung überreden, dass alles gut gehen würde.
Sie hatte inzwischen vom Hörensagen erfahren, dass ein gewisser Mangel an Salz und Essig auf dem Lande herrschte. Gott weiß, warum – aber es war so. Ausgerechnet dort, wo diese beiden Haltbarmacher am meisten gebraucht wurden – zum Einkochen und Pökeln von Fleisch.

Also organisierte meine Oma Essig und Salz für die Verwandten auf dem Lande, sodass meine Mutter und Otto dieses auf dem Weg zu den Urgroßeltern mitnehmen konnten. Was sie selber nicht brauchen würden, sollten sie an andere Verwandte im Ort weitergeben.

In sehr unauffälliger Kleidung machten sich Otto mit einem Rucksack und meine Mutter mit einer nicht allzu großen Tasche mit Essig und Salz an einem späten Sonntagvormittag auf den Weg mit dem Hintergedanken, dass die Wachposten in der Mittagszeit ein wenig unaufmerksamer oder träger vom Essen sein würden. Diese Strategie hatten sie sich zurechtgelegt in der Hoffnung, dass es funktionieren sollte. Und wir warteten ungeduldig und nervös auf ihre baldige Rückkehr.

Das Glück war ihnen hold, und schon kurz nach Einbruch der Dunkelheit waren sie unbeschadet wieder nach Hause zurückgekehrt. Unsere Freude war unvorstellbar, besonders die meiner armen Oma, die sich so unendlich große Sorgen um ihre Eltern gemacht hatte, sodass sie sogar des Öfteren schlaflose Nächte gehabt hatte. Nun erhielt sie endlich die erlösende Nachricht und war heilfroh zu hören, dass sie gesund waren und es ihnen gut ging.

Die andere Überraschung war, dass sie Tasche und Rucksack prall gefüllt mit Lebensmitteln – Eier, Schinken und Speck – retour brachten. Wir konnten unser Glück kaum fassen, diese wunderbaren Schätze konnte man nicht mit Gold aufwiegen. „An Hunger scheinen die drüben nicht zu leiden, wenn sie uns solche Mengen an Lebensmitteln schenken können!", meinte meine Oma.

„Ihr könnt euch aber nicht vorstellen, wie wichtig das Salz für sie war", antwortete meine Mutter. „Also ergibt sich aus der Situation für uns ein Tauschgeschäft", sagte Oma. „Aber nun möchte ich noch von euch wissen, wie es euch auf eurem Schleichweg ergangen ist?", fragte Oma. „Das Unangenehmste auf dem Weg im Wasser waren die nassen Füße, wir konnten sie erst bei Uroma ein wenig trocknen, und sie hat uns sofort mit heißem Tee versorgt. Ansonsten geht es den Urgroßeltern gut – wie immer. Sie haben genug zu essen, und deine Nichte, die ja in ihrer Nähe wohnt, schaut regelmäßig nach ihnen", sagte meine Mutter. „Das beruhigt mich sehr", freute sich meine Oma. „Wie hat es drüben mit Soldaten ausgesehen?", wollte Oma noch wissen. „Zum Glück sind uns keine Soldaten direkt begegnet, weder beim Hin- noch beim Herweg. Aber wenn sie erst einmal die gesamte Gegend erfasst haben, wird es nicht mehr so leicht wie augenblicklich sein, die Grenze unbemerkt zu umgehen. Momentan kennen sie die einzelnen Leute in den Ortschaften sicher noch nicht so genau. Aber sind sie erst einmal länger anwesend, fällt ihnen natürlich jedes fremde Gesicht sofort auf", meinte meine Mutter etwas besorgt. „Darum können Otto und ich den Grenzgang noch einmal wagen, bevor es zu spät ist", fand meine Mutter. „Wollt ihr dieses Risiko wirklich noch einmal eingehen?", fragte meine Oma zögerlich. „Besorge noch einmal Essig und Salz und wir bringen es ein zweites Mal zu den Urgroßeltern", sagte meine Mutter, und Otto war ganz ihrer Meinung.

Nur zwei Tage später machten sie sich schon wieder auf den Weg in die Bäk. Sie wollten die Chance noch einmal nutzen, bevor da drüben Ordnung herrschte. Aber schon nach der kurzen Zeit von zwei Tagen war alles anders. Es begegneten ihnen des Öfteren Soldaten, und sie hatten ein recht mulmiges Gefühl bei ihrem Anblick. Im Gegensatz zum ersten Mal machte sich ein Unbehagen bei ihnen im Innern breit, und sie waren froh, als sie wieder problemlos zu Hause ankamen mit ihren angefüllten Taschen sowie dem Rucksack.

Nachdem meine Mutter und Otto Oma von der brenzligen Situation der Anwesenheit von Soldaten erzählt hatten, sagte Oma energisch: „Jetzt ist Schluss, und ich will nicht mehr, dass ihr diesen Weg geht, es ist zu gefährlich, und für eine Frau überhaupt!" Meine Mutter verstand die Sorge ihrer Mutter und war ganz ihrer Meinung, weil sie selber nicht mehr wollte. Ihr Gefühl hatte ihr gesagt, dass es besser wäre, kein unnötiges Risiko einzugehen oder etwas herauszufordern.

Aber Otto war anderer Meinung und sagte: „Alleine kann ich zwar nicht so viel tragen, aber wenn ich alle paar Wochen hinübergehe, bringt es für beide Seiten immer noch genügend Vorteile, und der Kontakt zu den Urgroßeltern bleibt so auch erhalten. Ein Junge in meinem Alter allein fällt kaum auf." „Darüber muss ich erst nachdenken", meinte meine Oma ein wenig zögerlich.

Otto hatte meine Oma von seinem Vorschlag überzeugt, und schon zwei Wochen später war er mit einer kleineren Tasche – gefüllt mit Salz – alleine unterwegs. Meine Mutter hatte Wort gehalten und war nicht mehr auf den Schmuggelpfad mitgegangen.

Es wäre einer Herausforderung des Schicksals gleichkommen, und das wäre es trotz der guten Lebensmittel nicht wert gewesen.

Also ging Otto den Weg zum ersten Mal alleine, und er machte sich schon ganz zeitig in der Früh auf den Weg. Er hatte die Absicht, schon am frühen Nachmittag wieder zu Hause zu sein. Aber leider war dem nicht so, und unsere Ängste waren berechtigt.

Tatsache war, dass dieses Mal alles anders verlaufen sollte, als er erwartete. Otto ging seinen üblichen Schleichweg entlang der Felder, bis er sich dem Waldstück näherte, in das er unbemerkt wieder verschwinden wollte. Von dort wollte er den Weg zum See nehmen, um danach im Schilf unterzutauchen.

Er war ganz in Gedanken, als plötzlich, wie aus dem Nichts, einige Soldaten an ihm vorbeipatrouillierten. Ein Schreck fuhr ihm durch die Knochen, aber er ging ganz ruhig weiter und versuchte, sich nichts anmerken zu lassen. Doch einer der Soldaten hatte wahrscheinlich seinen Schreckensmoment mitbekommen, er drehte sich um und winkte Otto mit dem Zeigefinger zu sich heran. Was blieb ihm anderes übrig, als zu tun, was von ihm verlangt wurde. Dann deutete der Soldat auf seine Tasche und wollte hineinschauen. Otto tat, wie ihm geheißen, und öffnete sie, und der Soldat strahlte übers ganze Gesicht über den leckeren Fang und nahm ihm die Tasche mit den Eiern weg. Dann versuchte er, ihm einige Fragen zu stellen: „Woher du kommen, wo du wohnen, woher Eier?"

Otto stellte sich dumm und tat, als ob er ihn nicht verstünde. Aber dieser glaubte ihm natürlich nicht und meinte, dass er erst einmal mitkommen solle. Also trottete Otto gezwungenermaßen hinter ihm her. Unterwegs deutete der Soldat mit der Hand auf Ottos Kopf und sagte: „Du dumm, du Locken, wir kennen dich immer wieder, besser Glatze schneiden", und machte sich lustig über ihn. Überlegen spielte er mit Otto ein wenig Katz und Maus.

Nach kurzem Weg ging er direkt auf einen Stall zu – es war ein Schweinestall, in den er Otto kurzerhand einsperrte. Dann sagte er noch zu ihm: „Komme wieder – komme dich holen – später, verriegelte die Tür und ging.

Als sich Otto von dem ersten Schreck erholt hatte, ließ er seine Blicke umherschweifen, wo er sich genau befand, was dem Gestank nach nicht schwer zu erraten war – im Schweinestall! Er hatte nur den einen Gedanken, aus diesem Stall so schnell als möglich zu entfliehen. Aber warum hatte der Soldat ihn ausgerechnet hier im Stall eingesperrt, anstelle ihn sofort zu verhören, fragte er sich. Dann kam ihm der glorreiche Gedanke – weil er die Mittagsglocken läuten hörte, wollte der Soldat seine Mittagspause seinetwegen wahrscheinlich nicht opfern, und schon überhaupt nicht wegen eines dummen Jungen. Den konnte er ja immer noch nach der Mittagspause verhören, der lief ihm sicher nicht davon.

Aber dieser Gedanke sollte ein Fehler sein.
    Denn Otto hatte nur eines im Kopf – die Flucht. Darum wollte er die Pause zum Entkommen nutzen. Dass es kein leichtes Unterfangen war, war ihm bewusst, wenn er sich im Stall umschaute. Darum stand er auch unter höchster Anspannung und konnte kaum einen klaren Gedanken fassen, weil er zusätzlich noch unter Zeitdruck stand. War die Mittagspause vorüber, dachte er, würde der Kerl sicher bald wieder auftauchen und sich seinen Spaß mit ihm erlauben, deshalb auch der immense Zeitdruck.

Er schaute sich den Stall noch einmal genauer an, wo er einen Ausweg entdecken konnte. Die Tür hatte er schon einige Male geprüft, aber leider war sie zu gut verriegelt und es gab keine Möglichkeit, sie aufzubrechen ohne passendes Werkzeug dafür. Zwischendurch grunzten die Schweine in ihren Ferchen, die sich von ihm gestört fühlten, weil er ihnen fremd war. Otto ließ sich davon nicht beeindrucken und suchte weiter nach einer Chance, zu entkommen.

Sein Blick fiel wieder auf die beiden kleinen Fenster, die sich an der einen Außenwand befanden, aber nicht allzu hoffnungsvoll erschienen. Doch waren sie wahrscheinlich der einzige Weg nach außen. Also musste er sich mit dem Gedanken anfreunden, wie er sich durch das kleine Fenster zwängen sollte. Eine andere Möglichkeit, zu entkommen, gab es leider nicht.

Er sah sich die Fenster erst einmal genauer an, weil sie auch noch ein wenig erhöht lagen und das Durchzwängen erschwerten. Otto war der Verzweiflung nahe, weil ihm die Zeit davonlief und er dadurch die Angst immer im Nacken hatte. Aber nur eines der beiden Fenster war der Weg in die Freiheit. Außerdem musste er auch noch zuerst die Scheibe einschlagen, um sich dann geschwind durch die kleine Öffnung zu zwängen, und er hatte noch keine Ahnung, wie er das anstellen sollte. Natürlich würde das Einschlagen der Scheibe einen Lärm verursachen, der wahrscheinlich von der Mannschaft gehört werden und diese dann sofort auf ihn Jagd machen würde. Wenn das Risiko auch noch so groß war, leider gab es keinen anderen Ausweg.

Um die Mittagszeit war es rundherum totenstill, und da würde jedes ungewöhnliche Geräusch noch viel leichter wahrgenommen werden als sonst. Auch die Schweine im Stall verhielten sich ruhig, und es war nicht zu erwarten, dass sie eventuell lautere Geräusche von sich geben würden. Ihm war bewusst, dass er sehr schnell handeln musste und nicht mehr allzu lange überlegen durfte, weil er damit rechnen musste, dass die Mittagspause sonst um war und er dann zum Verhör abgeholt werden würde.

Sein Entschluss stand fest, jetzt oder nie!
  Der passende Gegenstand zum Zertrümmern der Fensterscheibe fehlte ihm aber noch und er machte sich sogleich auf die Suche danach. Er entdeckte an der Wand gelehnt eine Mistgabel mit einem starken Stiel. Er dachte: „Die müsste reichen zum Einschlagen der Scheibe, genau, was ich für diesen Zweck brauche."

Damit er höher stand, stellte er sich auf einen Rand der Ferche, die zur Trennung der Schweineabteile diente. So war er dem Fenster ganz nahe, damit der Ablauf des Vorganges schnellstmöglich vonstattengehen und er so geschwind als möglich sich durch das kleine Fenster zwängen konnte.

In Gedanken hatte er sein Vorhaben einige Male durchdacht, bevor er es in die Tat umsetzte. Schnell schlug er die Scheibe halbwegs sauber aus dem Rahmen, um eine Verletzungsgefahr möglichst gering zu halten. Natürlich machte das Einschlagen der Scheibe einen Höllenkrach. Dann zwängte er sich so schnell er konnte, mit Händen und Kopf voran, durch den engen Fensterrahmen. Schlank, wie er war, gelang es ihm halbwegs, durchzurutschen, und er fing den Gleitsturz so gut er konnte mit den Handballen ab, was ihm aber im Handrücken heftige Schmerzen verursachte, um die er sich jetzt nicht kümmern konnte.

Es war nur noch ein Wettlauf gegen die Zeit, ob er davonkam oder erwischt wurde. Sofort wollte er seinen Lauf in Richtung Wald starten, als er auch schon den ersten Lärm vernahm. „Das kann ich nicht mehr schaffen! Wo soll ich nur hin? Wohin soll ich nur laufen?" Er drehte sich um die eigene Achse, um einen Schlupfwinkel zu entdecken. Dann plötzlich die eine Möglichkeit. Er hatte auf der anderen Seite des Schweinestalls einen großen Hollerstrauch mit viel Gestrüpp unten herum entdeckt, und in diesen kletterte er schnell hinein, in der Hoffnung, nicht entdeckt zu werden.

Kaum, dass er außer Atem und mit klopfendem Herzen auf einem Ast hockte, liefen auch schon zwei fluchende Soldaten mit Gewehren nahe an ihm vorbei, in Richtung Wald, genau den Weg, den er hatte laufen wollen. Sie liefen sehr schnell und feuerten sogar einige Schüsse ab, die Otto auf seinem Ast erzittern ließen. Er sah sie von seinem Versteck aus noch einige Zeit weiter fluchend hin- und herlaufen, bis sie aufgaben. Danach wurde es wieder ganz still. Otto war erleichtert und beruhigte sich schön langsam von dem Schrecken. Schließlich waren sie sehr nahe an seinem Versteck vorbeigegangen. Wenn er auch kein Wort von ihren Flüchen verstanden hatte, so hatte er sehr wohl mitbekommen, dass die beiden stinksauer waren, dass er ihnen entwischt war.

Otto harrte in seinem Versteck bis zur Dämmerung aus. Irgendwann nahm er all seinen Mut zusammen, kletterte aus dem Gestrüpp und tastete sich Schritt für Schritt langsam voran in Richtung Wald. Hier wollte er dann seinen gewohnten Weg hinunter zum See nehmen. Aber plötzlich hielt er inne – ihm kam nämlich der Gedanke, dass die Soldaten seinen Weg inzwischen kannten und nur darauf warteten, dass er ihnen in die Falle ging. Also wechselte er seine Strategie und machte einen großen Umweg, um ans Ufer des Sees zu gelangen, damit er dann auf schnellstem Weg durch den Schilfgürtel nach Hause laufen konnte.

Erst spät am Abend – als es schon dunkel war – kam er mit leeren Händen wieder nach Hause. Oh Gott!!, waren wir alle froh, als er endlich zur Tür hereinkam. Meine Mutter war noch mit meinem Bruder und mir bei Oma geblieben, während sie auf Otto wartete. In dieser Situation voller Ungewissheit wollte sie ihre Mutter auf keinen Fall alleine lassen. Natürlich war meine Tante auch anwesend, und wir bangten gemeinsam um Ottos Rückkehr – und dann die große Erleichterung, als er endlich spät und unbeschadet zur Tür hereinkam. Mit seinem Erscheinen fiel allen ein Stein vom Herzen, und wir umarmten ihn so heftig vor lauter Freude, dass ihm die Luft wegblieb. Danach waren wir alle sehr gespannt, was Otto zu berichten hatte, warum er so spät nach Hause gekommen war.

Als Erstes beruhigte er uns, dass mit den Urgroßeltern alles in Ordnung sei, dass sie sich sehr über seinen Besuch, unsere Grüße sowie das Salz gefreut hätten. Er war noch bei ihnen geblieben, weil sie neugierig waren zu erfahren, und er ihnen erzählen musste, wie der letzte Stand der Dinge bei uns war. Danach hatte Uroma ihm noch ein gutes Essen bereitet und gestärkt hatte er sich anschließend mit der von Eiern gefüllten Tasche sogleich wieder auf den Heimweg gemacht. Er überbrachte die besten Grüße von ihnen.

Nach seiner Erzählung wusste die gesamte Familie erst so richtig zu schätzen, mit wie viel Glück er davongekommen war.

Nun konnte meine Mutter endlich mit meinem Bruder und mir beruhigt nach Hause gehen, in der Gewissheit, dass sie sich um ihre Mutter wegen Otto keine Sorgen mehr zu machen brauchte, weil er wieder gesund nach Hause gekommen war. Inzwischen war es ein wenig spät geworden, aber der Weg in die Rathausstraße war Gott sei Dank nicht weit, mein Bruder war nämlich übermüdet und ihm fiel das Gehen schon schwer.

In der Rathausstraße bewohnten wir eine Vierzimmerwohnung, wovon meine Mutter zwei Zimmer an eine Flüchtlingsfamilie hatte abgeben müssen. Es war eine preußische Großgrundbesitzerfamilie namens Hoffman. Sie bestand aus Herrn und Frau Hoffman sowie zwei Söhnen, Harry und Georg, ein ukrainisches Hausmädchen, das sie auf der Flucht mitgenommen hatten, war auch dabei.

Mit Irene, so hieß das circa achtzehnjährige Mädchen, wurde es für die Familie sehr eng in den zwei Räumen, die sie zur Verfügung hatten, sodass Frau Hoffmann meine Mutter bat, ob sie ein Matratzenlager für Irene in der Küche bereiten dürfte. Sie war natürlich einverstanden, aber irgendwie tat meiner Mutter das Mädchen leid und sie machte Frau Hoffmann ein anderes Angebot. Sie war nämlich der Meinung, dass das Bett meines Vaters, der schon seit über einem Jahr als vermisst galt, sowieso leer stand und Irene ohne Weiteres darin schlafen dürfe, wenn es ihr denn recht wäre.

Frau Hoffmann war einverstanden, und Irene freute sich sehr, nicht auf dem Boden schlafen zu müssen. Sie war meiner Mutter sehr dankbar und umarmte sie herzlich.

Mein Bruder und ich hatten nach wie vor unser Kinderzimmer und litten nicht unter Platzmangel. Untertags war die gesamte Familie sowieso immer – aus wirtschaftlichen Gründen – bei meiner Oma. Es wurde nur auf einem Herd gekocht, denn auch Brennmaterial war wie alles andere Mangelware, und meine Oma hatte zu dem Zeitpunkt noch einen größeren Altbestand, von dem wir alle profitierten.

Unser Alltag spielte sich hauptsächlich auf dem Domhof bei meiner Oma ab, und so gut es ging, hielten wir alle zusammen. Auch die verschiedenen Arbeitsabläufe wurden genau eingeteilt. Das Kochen übernahm unsere Oma, die viele Wäsche für uns alle übernahmen meine Mutter und ihre ältere Schwester. Otto und ich wurden fast immer für die Einkäufe eingeteilt – falls es überhaupt etwas zum Einkaufen gab. Dann hieß es, Schlange-Stehen für mich – was ich hasste! Aber die Erwachsenen wollten, wenn möglich, ihre kostbare Zeit nicht mit dem Schlange-Stehen vergeuden, schließlich hatten sie wichtigere Arbeiten zu erledigen. Also standen Otto und ich beim Bäcker um Brot oder beim Fleischhauer um Fleisch, wenn es hier und da eine Zuteilung gab.

Oft genug konnte es geschehen, wenn ich endlich an der Reihe war, dass ich nichts mehr bekam! „Schön, aber aus!" Die Enttäuschung nach dem langen Stehen kann sich niemand vorstellen. Aber zum Glück war unsere Oma so gescheit, uns stets in verschiedene Geschäfte zu schicken, wenn sie erfahren hatte, wo gerade Brot verkauft wurde und zumindest die Chance bestand, dass einer von uns beiden mit Brot nach Hause kam. Natürlich wurde das wenige Brot, welches es gab, nur in der Menge ausgegeben, die uns von der Lebensmittelkarte aus zustand. Wenn die Brotabschnitte der Karte verbraucht waren, gab es eben kein Brot mehr.

Außerdem schmeckte das Brot keinem von uns wirklich. Es war gelbes, klebriges, geschmackloses Maisbrot, leicht bitter, mit viel Luft und sättigte kaum. Wenn wir Glück hatten und irgendein Aufstrich oder gar Margarine zum Bestreichen vorhanden war, ließ es sich einigermaßen essen. Trotzdem mussten wir froh sein, wenn wir überhaupt etwas in den Magen bekamen. Aber am besten schmeckte uns immer noch der deftige Eintopf unserer Oma, der meistens etwas Fleisch oder Speck von der Schmuggelware unserer Verwandten aus der russischen Zone enthielt. Von dieser deftigen Suppe hatte man eben ein wunderbares Sättigungsgefühl.

Aber nun war unser Kontakt zu den Extra-Fleisch- und Speckrationen leider durch Ottos Missgeschick momentan unterbrochen, und meine Oma hatte bedauerlicherweise wieder zusätzlich die Sorge um ihre alten Eltern, ohne Kontakt zu ihnen.

Zum Glück musste sie nicht lange ohne Nachricht bleiben. Es ergab sich ganz unerwartet eine neue Nachrichtenquelle.

Eines Abends, schon etwas später und stockfinster, klopfte es bei den Großeltern zaghaft an der Haustür. Mein Opa ging zur Tür und fragte, wer denn da draußen sei: „Ich bin es, die Emma von der Bäk", antwortete eine Frauenstimme, und mein Opa öffnete die Tür auf einen Spalt, mit einem Knüppel zur Sicherheit in der einen Hand für den Fall, dass es eine Finte war. Nachdem er sich überzeugt hatte, dass sie es wirklich war, öffnete er die Tür etwas weiter und sah dann aber, dass ein großer Mann hinter Emma stand, und wollte natürlich wissen, wer der Mann sei. „Onkel, du kennst ihn", sagte sie. „Er ist der Besitzer vom Kurhaus auf der gegenüberliegenden Seite vom See in der Bäk, und er hat mich in seinem Boot hierher mitgenommen, und jetzt sind wir hier."

Mein Opa bat sie herein ins Wohnzimmer, wo meine Oma Emma sofort freudig begrüßte und natürlich auch den Herrn hinter ihr. Sie wurden gebeten, erst einmal Platz zu nehmen. Als Erstes überbrachte Emma meiner Oma ganz liebe Grüße von ihren Eltern, dass es ihnen gut gehe und sie sich keine Sorgen machen müsse. Danach erzählte sie ihre eigene Geschichte und warum sie hier sei.

„Ihr wisst", sagte sie „das Paul noch in den letzten Kriegstagen schwer verwundet worden ist und man ihm leider ein Bein amputieren musste, und er liegt nach wie vor im Lübecker Krankenhaus Ost. Darum hat er auch nicht mitbekommen, dass wir inzwischen im Ostsektor leben, und konnte auch nicht verstehen, weshalb ich plötzlich nicht mehr zu ihm auf Besuch kam. Ich nehme doch an, dass er es sicher inzwischen aus dem Radio oder von irgendjemand anderem erfahren hat. Er erwartet sicher schon sehnsüchtig meinen Besuch. Leider hat sich bis heute für mich keine Gelegenheit ergeben."

Den Namen des Chefs vom Kurhaus habe ich leider inzwischen vergessen, und ich nenne ihn einfach Peter, damit man weiß, um wen es sich handelt. Er war des Öfteren in der Nacht schon über den See gerudert und hatte deshalb diesbezüglich eigene Erfahrungen gemacht. Auch besaß er ein größeres Segelboot, das auch zum Rudern verwendet werden konnte, wenn er den Mast abmontierte, was er jetzt eben für diese Zwecke getan hatte.

Durch Zufall hatte Emma davon erfahren, dass Peter hier und da des Nachts über den See ruderte und auch bereit war, Leute mitzunehmen. Daraufhin hatte sie sich sogleich mit ihm in Verbindung gesetzt, um nachzufragen, ob er bereit wäre, sie auf einer seiner Fahrten mitzunehmen, und er war selbstverständlich einverstanden. Sie hatte nur eine Bitte und bat ihn um den Gefallen, dieses Mal bei ihrer Tante anzulegen, damit sie die Grüße und ein Paket von ihren Eltern übergeben konnte, sodass ihre Tante sich keine Sorgen mehr um ihre Eltern zu machen brauchte. Und außerdem hatte sie den Hintergedanken, dass sich eventuell die Chance ergab, dass sie beide bei ihnen übernachten könnten, bis sie am kommenden Morgen ihre Fahrt fortsetzen konnten. Für Peter machte es keinen Unterschied, wo er anlegte, und so war er mit ihrem Vorschlag einverstanden.

Für die Überfahrt wählte er immer die Nächte, an denen der Mond am dunkelsten war, weil die Chance, nicht entdeckt zu werden, sich um einiges vergrößerte.

Eines Nachts war es dann endlich so weit, dass sie sich auf diese heikle Tour machten. Die Überfahrt war ohne Probleme gelungen, und sie waren gut bei meinen Großeltern gelandet. Diese waren hocherfreut, dass es endlich wieder Kontakt nach drüben gab. Sie hatten einander so viel zu erzählen, dass sie sich noch sehr lange unterhielten, denn Gesprächsstoff hatten sie ja zur Genüge. Hauptsächlich unterhielten sie sich darüber, wie es momentan in den verschiedenen Sektoren für sie aussah, und dass die Urgroßeltern sich gewundert hatten, dass jeglicher Besuch von uns plötzlich ausgeblieben war. Natürlich hatten sie angenommen, dass etwas passiert war. Daraufhin erzählte meine Oma die Geschichte von Ottos Missgeschick, welches Glück er im Unglück gehabt hatte, dass er sich befreien und ausreißen konnte. Nicht auszudenken, wenn sie ihn dabehalten oder gar verschleppt hätten, was ja schon des Öfteren vorgekommen war! „Wer weiß, ob wir ihn je wiedergesehen hätten?", meinte meine Oma.

Zu unserer aller Freude waren in dem Paket, welches Emma meiner Oma übergeben hatte, wieder kostbare Geschenke von der Verwandtschaft – Speck und Eier.

Emma bat meine Oma noch um den Gefallen, ihr für die Heimfahrt, während sie im Lübecker Krankenhaus bei ihrem Mann war, Salz zu besorgen. Peter hatte eigene Besorgungen zu erledigen – meistens waren es Tauschgeschäfte mit Freunden, die er noch von früher kannte. Emma und er mussten alle ihre Erledigungen an dem einen Tag schaffen, weil sie die Absicht hatten, schon in der kommenden Nacht wieder mit dem Boot überzusetzen.

Vom langen Erzählen war es inzwischen sehr spät geworden, und es war an der Zeit, endlich schlafen zu gehen. Meine Oma richtete ihnen ein Nachtlager. Für Emma hatte sie das eher etwas unbequeme Sofa im Wohnzimmer hergerichtet und für Peter ein Matratzenlager in der Küche. Ihnen war alles recht, wenn sie nur noch ein paar Stunden schlafen konnten, bevor sie zeitig in der Früh das Haus verließen, um an dem einen Tag alle ihre Erledigungen zu schaffen.

Der wieder neugewonnene Kontakt mit der Bäk, der sich aus dem Besuch ihrer Nichte ergeben hatte, freute meine Oma ungemein. Die Verbindung zu ihren alten Eltern war Gott sei Dank wiederhergestellt. Emma würde ihren Mann jetzt sicher regelmäßig im Krankenhaus besuchen, und ihre Anlaufstelle würde bei uns sein, und außerdem konnte auch der unterbrochene Tauschhandel wieder aufgenommen werden.

Die Adresse meiner Oma hatte sich sehr schnell in den Schmugglerkreisen herumgesprochen, und sie handelte nicht nur mit der Verwandtschaft aus der Bäk, sondern auch mit den Leuten, die sonst noch in weiterer Folge bei ihr anlegen durften. Es waren sogar Auswanderer dabei mit ganzen Familien, die die Ostzone für immer verließen. Diese Menschen durften bei ihr bis zu ihrer Weiterfahrt des kommenden Tages selbstverständlich auf einem Matratzenlager übernachten. Sie war sozusagen die neue Asyladresse für auswandernde Flüchtlinge.

Für ihre Tauschgeschäfte hatte meine Oma die beliebteste, begehrteste Ware am damaligen Markt – nämlich Zigaretten. Sie waren das reinste Zaubermittel, und man konnte für sie so ziemlich alles bekommen, was immer man benötigte.

Einen Fixanteil an Zigaretten erhielt sie aus den zugeteilten Rationen, die jedem Erwachsenen zustanden. Die Frauen in unsrer Familie rauchten zum Glück nicht, sodass ihre Zigarettenmarken für Omas Tauschhandel zur Verfügung standen. Mein Opa, obgleich er Raucher war, verzichtete auch freiwillig auf seine Ration und überließ sie ebenfalls seiner Frau für ihre Tauschgeschäfte. Aber um nicht auf den Genuss des Rauchens verzichten zu müssen, baute sich mein Opa eigene Tabakspflanzen entlang des Zaunes im Garten an, und somit ging auch kein Platz für Nutzpflanzen verloren.

An den Vorgang, wie er seinen Tabak selber herstellte, erinnere ich mich noch recht gut. Zuerst wurden die geernteten Blätter sorgfältig am Stiel auf einen dünnen Draht aufgefädelt, danach hängte er die Drähte mit den Blättern zum Trocknen auf dem Dachboden auf. So hingen sie einige Zeit dort, bis sie trocken und braun waren.

Regelmäßig kontrollierte mein Opa immer wieder seine kostbaren Tabakblätter auf ihre Qualität und ob sie schon die rechte Konsistenz zur Weiterverarbeitung hatten. Auch Otto interessierte sich für die Tabakblätter. Er schlich sich manchmal heimlich auf den Dachboden, um sich hier und da ein Blatt zu holen, von dem er sich dann eine dicke ‚Cuba' drehte. Jedes Mal, wenn er das Zeug rauchte, wurde ihm übel, aber trotzdem probierte er es immer wieder. Die meisten Buben probierten halt schon in seinem Alter das Rauchen, auch wenn es ihnen in Wahrheit nicht schmeckte. Aber Rauchen ist eben männlich, und dazuzugehören, ist alles.

Einmal kam er auf die dumme Idee, dass ich es auch einmal probieren sollte mit dem Rauchen, damit ich ihn besser verstehen konnte, wie gut es schmeckte. Ich ließ mich tatsächlich zu einem Versuch hinreißen, war aber von dem grauseligen, fürchterlichen Geschmack total enttäuscht und musste immer wieder ausspucken, um den Geschmack wieder loszuwerden. „Das kommt nur davon, weil du nicht richtig rauchst", meinte er. Du musst nur einen ordentlichen, tiefen Aufzug machen, einen richtigen Lungenzug, dann wirst du schon merken, wie gut das tut. Ich war so dumm und tat es. Wie es mir danach ergangen ist, kann ich kaum beschreiben. Ich habe mich fast zu Tode gehustet und war für den Rest meines Lebens vom Rauchen kuriert, was vielleicht für mich in späteren Jahren ein Vorteil war, ich habe nämlich nie geraucht.

Wenn ihm nach seiner Zigarre übel wurde, er grün im Gesicht war und meine Oma nicht verstand, warum der Ärmste sich übergeben musste, habe ich ihn natürlich nicht bei ihr verpetzt. Sie machte für Otto dann einen Thermophor, mit dem er sich ins Bett legte, und er ließ sich von Oma auch noch bedauern.

Wenn die Tabakblätter die richtige Trockenheit erreicht hatten, schnitt mein Opa sie mit einem sehr scharfen Messer in ganz feine Streifen. Zur Verfeinerung des Aromas legte er eine Dörrzwetschke mit in seine Vorratsdose. Diesen Tabak rauchte er meistens nur in der Pfeife. Aber weil er den Tabak so fein geschnitten hatte, konnte er auch ohne Weiteres Zigaretten davon drehen. Auf diese Art begnügte sich mein Opa mit seinem selbst produzierten Tabak.

Eines Nachts, man konnte eher sagen fast in der Früh, klopfte Emma wieder bei den Großeltern an die Tür. Es war inzwischen schon Spätsommer und noch lange hell, sodass Peter erst nach Mitternacht über den See gerudert war. Alles lief wieder wie beim vorhergehenden Mal nach dem gleichen Programm ab. Sie konnten nur einige Stunden schlafen, bevor sie sich zeitig in der Früh auf den gewohnten Weg machten, Emma zu ihrem Mann ins Krankenhaus nach Lübeck, und Peter ging wieder zu seinen Geschäftsfreunden, mit denen er inzwischen einen regen Handel aufgebaut hatte.

Sie kamen beide erst am Abend von ihren erledigten Wegen zu den Großeltern zurück, um bei ihnen die Dunkelheit abzuwarten und dann wieder zu sich nach Hause auf die andere Seite des Sees zu rudern. Meine Oma hatte das Salz für Emma besorgt, wovon auch ein Teil für die Urgroßeltern bestimmt war. Sie war auch nicht ohne Geschenke gekommen. Dieses Mal hatte sie einige Kilo Gerste dabei, die meine Oma in einer Pfanne auf dem Herd röstete, bis sie dunkelbraun war. Das waren dann unsere Ersatzkaffeebohnen, von denen sie unseren Frühstückskaffee zubereitete.

Als es endlich dunkel genug war, machten sich Emma und Peter wieder auf den Weg.

Aber dieses Mal sollte es leider nicht gut ausgehen. Es nahm eher einen dramatischen Verlauf. Es hätte den beiden das Leben kosten können.

Meine Großeltern wurden durch heftiges Klopfen mitten aus dem Schlaf gerissen. Wie immer fragte mein Opa erst, wer da sei, bevor er öffnete. „Emma und Peter", kam eine klägliche Antwort. Mein Opa öffnete die Tür und was er da sah, versetze ihm einen ziemlichen Schrecken! Die zwei standen triefnass vor ihm, und Emma schluchzte leise vor sich hin.

Inzwischen war auch meine Oma dazugekommen, die ebenfalls durch den Lärm geweckt worden war und sehen wollte, was da passiert war. Sie erschrak ebenfalls, genau wie mein Opa, als sie Emma und Peter zu Gesicht bekam. Besorgt bat sie die völlig Erschöpften, Triefenden und Zitternden, schnell hereinzukommen. Dann versorgte sie sie augenblicklich mit Handtüchern und trockenen Kleidern. Emma zitterte weiterhin so stark, dass ihre Zähne aufeinanderschlugen. Meine Oma rubbelte ihren Körper ganz fest ab, wickelte sie zusätzlich zu den warmen Kleidern noch in Wolldecken ein, setzte sich dann zu ihr aufs Sofa und tat ihr Möglichstes, sie weiter durchs Reiben zu erwärmen.

Auch Peter hatte inzwischen trockene Kleider von meinem Opa angezogen und sich zusätzlich eine Wolldecke umgehängt, damit auch sein Zittern endlich aufhören sollte. Dann nahm er in einem Sessel Platz. Mein Opa hatte inzwischen die Schnapsflasche geholt, um den beiden zur Erwärmung einen ordentlichen Schluck einzuschenken, und meine Oma ging noch zwischendurch in die Küche, um ein Feuer zu entfachen und zusätzlich noch eine Tasse heißen Tee für sie aufzubrühen.

Es dauerte einige Zeit, bis Emma und Peter sich einigermaßen beruhigt hatten und Peter endlich erzählen konnte, was geschehen war. Emma war völlig außerstande, auch nur ein Wort zu sagen. Sie saß weiterhin wie ein Häufchen Elend in der Sofaecke, und es war für sie nicht einfach, das Geschehene noch einmal mit anzuhören.

Peter begann: „Am Anfang unserer Fahrt verlief alles wie gewohnt. Aber als wir circa in der Mitte des Sees waren, pfiff uns plötzlich etwas am Kopf vorbei. Ich reagierte schnell und flüsterte Emma zu, sich zu ducken. ‚Es sind Gewehrkugeln, die auf uns geschossen werden. Es sind Scharfschützen, die auf uns schießen.' Sie solle mit dem Kopf unten bleiben, sagte ich noch einmal mit Nachdruck zu ihr. Es wurde nämlich weiter auf uns geschossen, und zusätzlich wurde eine Leuchtkugel abgefeuert, die den Himmel erhellte, um uns besser sehen zu können. Wir aber lagen beide flach auf dem Boden des Bootes, um keine Zielscheibe für sie abzugeben.

Aber trotzdem sollten wir nicht verschont bleiben. Leider trafen einige der Kugeln unser Boot, sodass es langsam aber sicher bis zum Rand volllief und wir völlig im Wasser lagen. Unsere Situation war ganz furchtbar, sodass ich schnell eine Entscheidung treffen musste, um uns aus der misslichen Lage zu befreien.

Zu allem Übel konnte Emma leider nicht schwimmen, was sehr dramatisch war bei der Strecke, die wir zurück zu schwimmen hatten. Aber die Ärmste ihrem Schicksal zu überlassen, sie ertrinken zu lassen, konnte ich auf keinen Fall mit meinem Gewissen vereinbaren. Darum sagte ich zu ihr: ‚Wenn du ganz ruhig bleibst, werde ich dich am Kinn fassen, rückwärts schwimmen und dich dann auf diese Weise mit mir mitziehen.' Sie flüsterte nur sehr leise: ‚Ja.' Sie blieb total ruhig und gelassen und gab keinen Ton von sich. Da sie sowieso keine andere Wahl hatte, legte sie ihr Schicksal in meine Hand.

Ich wartete nur einige Zeit, ob ich von den Schützen noch etwas vernahm oder ob diese aufgegeben hatten in der Vermutung, dass wir eventuell mit dem Boot untergegangen waren. Als sich nichts mehr rührte, begann ich vorsichtig zu schwimmen und zog Emma Meter für Meter langsam mit mir.

Ich wusste nicht, wie lange ich so geschwommen war, bis ich spürte, dass mich langsam aber sicher meine Kräfte verließen und ich ganz einfach nicht mehr konnte. Ich war total am Ende und stand faktisch vor der Wahl, sie oder ich, oder beide? Ich war nicht mehr imstande, einen klaren Gedanken zu fassen. Mir war schwindlig und meine Gedanken liefen Amok. Aber sie ganz einfach absaufen zu lassen, das brachte ich nicht übers Herz. Dann gab ich ein kurzes Stoßgebet von mir: ‚Bitte, lieber Gott, hilf uns aus dieser Not – lass uns nicht ertrinken!'

In letzter Sekunde dann das Unglaubliche: Als ich schon das Gefühl hatte, dass wir beide langsam sanken und unterzugehen schienen, spürte ich plötzlich Grund unter meinen Füßen. Das Wunder war geschehen, ich war erhört worden und ich nahm noch einmal meine allerletzten Kräfte zusammen, um mit einigen wenigen Zügen auf flacheren Grund zu gelangen. Das schier Unmögliche gelang und völlig erschöpft blieben wir am Ufer im flachen Wasser liegen, um erst einmal richtig durchzuatmen. Es war eine völlig dunkle mondlose Nacht. Wir sahen nichts – aber wir waren noch am Leben und spürten uns.

Nach einer längeren Verschnaufpause rafften wir uns auf und tasteten uns vorsichtig am Ufer hinauf. Ich war Emma dabei behilflich und reichte ihr die Hand, um sie hinaufzuziehen. Doch bei der Berührung stieß ich zusätzlich an etwas Hartes. Was war das jetzt?, fragte ich mich. In der Finsternis konnte ich absolut nichts erkennen. Aber ich war mir sicher, dass da etwas war, ich hatte es doch eindeutig gespürt! ‚Emma, was hast du am Arm?', fragte ich ein wenig forsch! ‚Die Tasche mit dem Salz', sagte sie kleinlaut. ‚Willst du mir jetzt etwa sagen, dass ich diese die ganze Zeit auch noch mitgezogen habe?' Es kam nur ein klägliches Ja.

Mir blieb förmlich die Spucke weg. Ich konnte es weder fassen noch glauben. Unser Leben stand faktisch auf des Messers Schneide, und ich hatte die schwere Salztasche zusätzlich noch mitgezogen, die sicher dazu beigetragen hatte, dass ich so ungewöhnlich geschafft war. In der Tasche befanden sich immerhin vier bis fünf Kilo Salz, und das mit Wasser durchtränkt, hatte das Gewicht zum Mitziehen um einiges verstärkt. Unfassbar! Aber es ist die volle Wahrheit, genauso hatte es sich zugetragen.

Was konnte ich an dieser Tatsache noch ändern? Ich nahm sie bei der Hand und ging mit ihr zu euch ins Haus." Meine Großeltern waren genauso fassungslos wie er, als sie die Geschichte vernommen hatten. Meine Oma fragte Emma noch einmal, warum sie die Tasche nicht einfach vom Arm hat rutschen lassen. Aber sie wusste es selber nicht. Wir vermuteten alle, dass sie unter Schock gestanden und wahrscheinlich nichts bewusst mitbekommen hatte.

Keiner von uns konnte wirklich abschalten, nach dem, was geschehen war. Emma und Peter schliefen erst gegen Morgen vor lauter Erschöpfung ein. Meine Großeltern blieben bei ihnen, bis sie eingeschlafen waren, und legten sich dann selber noch auf ein paar Stunden Schlaf ins Bett.

Nach der grauenvollen Nacht schliefen Emma und Peter bis zum späten Vormittag. Aber der Schock steckte ihnen am Morgen immer noch in den Knochen. Emma war sehr schweigsam und total in sich gekehrt. Peter ging es um einiges besser, als Mann konnte er das Geschehene wahrscheinlich leichter wegstecken.

Sie waren nach dem Aufstehen dankbar für das Frühstück, das meine Oma inzwischen bereitet hatte. Es gab Malzkaffe, eine Scheibe Maisbrot mit Margarine und ein wenig Marmelade. Natürlich selbst eingekochte Marmelade, die bei meiner Oma immer etwas Besonderes war. Leider konnte sie ihnen nicht mehr bieten, als sie erübrigen konnte.

Emma saß gedankenverloren vor ihrem Kaffee, sicher machte sie sich Gedanken, wie sie wieder nach Hause kommen konnte, und dass kein Weg daran vorbeiführte, als wieder mit dem Boot über den See zu gelangen. Der Gedanke verschaffte ihr sicher ein Unbehagen.

Gerade als sie noch beim Frühstück saßen, so gegen Mittag, kamen meine Mutter, mein Bruder und ich zu unserem täglichen Aufenthalt bei unserer Oma und waren ziemlich überrascht, dass Emma und Peter noch anwesend waren. Uns wurde sogleich der Grund erzählt, warum die beiden noch nicht über alle Berge waren, und auf diese Weise habe ich den genauen Vorgang des Geschehens schon als Kind persönlich vernommen. Meine Mutter war natürlich ebenso entsetzt wie alle anderen, die noch von Emmas und Peters Erlebnis erfuhren. Meine Mutter gab sich sehr viel Mühe, um Emma ein wenig zu trösten.

Peter machte sich noch im Laufe des Tages auf den Weg zu einem seiner Freunde, der immer gut informiert über jegliches Geschehen im Ort war. Von ihm wollte er in Erfahrung bringen, ob er jemanden kenne, der in der nächsten Zeit eine Überfahrt auf die andere Seite des Sees machen wollte und Emma und ihn mitnehmen würde. Oder ob er vielleicht von einem seiner Freunde selber ein Boot ausborgen könnte. Peter hatte in der ganzen Umgebung einen ziemlich großen Bekanntenkreis und konnte immer mit Hilfe rechnen.

Derweil er unterwegs war, blieb Emma bei meinen Großeltern und wartete auf seine Rückkehr, schließlich war sie von ihm abhängig. Auch wenn sie sich vor der Überfahrt fürchtete, es führte kein Weg daran vorbei, als wieder auf diese Weise nach Hause zu gelangen, wo sie sicher schon mit großer Ungeduld erwartet wurde.

Zu Mittag war die gesamte Familie wieder bei Tisch versammelt. Meine Oma hatte wie schon an den meisten anderen Tagen einen großen Topf mit Gemüseeintopf zubereitet. Gemüse aus ihrem hauseigenen Garten, den sie Gott sei Dank hatte. Dieses Mal war Emma ungewollt Gast in unserer Runde. Schön, dass meine Oma sie mitversorgen konnte, was nicht selbstverständlich war.

Kaum waren wir mit dem Essen fertig, als Peter plötzlich auftauchte und Emma die freudige Nachricht überbrachte, dass sie schon in der kommenden Nacht den See überqueren könnten. Er hatte nämlich ein Boot organisiert, mit dem Emma und er wieder nach Hause gelangen konnten. Der Schrecken stand ihr sofort ins Gesicht geschrieben, aber trotzdem zwang sie sich ein Lächeln ab. Peter hatte ja schließlich sein Bestes getan, um überhaupt ein Boot zu beschaffen.

Meine Oma hatte schon am Vormittag den Rest des nassen Salzes, welches Emma am Arm mitgeschleppt hatte, auf Leintücher zum Trocknen ausgeschüttet, weil es ganz einfach zu kostbar war, um es nicht weiter zu verwenden. Die Tasche, die zu der Zeit typisch war, bestand aus lauter kleinen Lederflecken. Diese hatte meine Oma mit einem Handtuch ausgestopft, dass sie schneller trocknete, damit Emma sie auf ihrem Heimweg wieder benutzen konnte. Sie wollte zumindest noch den Rest des Salzes für sie retten. Zu Hause gab es immer noch genügend Gelegenheit, zum Weitertrocknen.

Das Boot, welches Peter besorgt hatte, lag ein schönes Stück von meinen Großeltern entfernt, fast auf der entgegengelegenen Seite der Domhalbinsel. Es war auch sicher von Vorteil, wenn sie nicht genau die gleiche Route nahmen wie die Nacht zuvor.

Diese Überfahrt war gelungen, weil sie nicht mehr zurückkamen und Peter, der in regelmäßigen Abständen weiterhin zu uns kam, später bestätigte, dass sie problemlos angekommen waren.

Emma fuhr aus lauter Angst nie mehr mit und blieb deswegen mit ihrem Mann vorläufig nur brieflich in Kontakt. Der Überbringer dieser Post war natürlich Peter. Dafür wurde er von der Verwandtschaft gut mit Lebensmitteln versorgt, und der Kontaktmann zu meinen Großeltern nach drüben blieb so erhalten. Er brachte Tauschware zu uns und bekam dafür mit auf den Heimweg, was drüben benötigt wurde.

Zu Hause in der Rathausstraße widerfuhr uns auch unverhofftes Glück. Die Familie Hoffmann war nicht mehr imstande, Irene länger zu behalten. Es war zu beengt für fünf Personen in den zwei Räumen und die Verköstigung fiel ihnen auch ziemlich schwer, da ihre Söhne in einem Alter waren, in dem sie ständig Hunger hatten. Frau Hoffman wusste nicht mehr ein noch aus, von wo sie genügend Lebensmittel für die Jünglinge heranschaffen sollte, um die zwei satt zu bekommen. Sie und ihr Gatte verzichteten so gut sie konnten zu Gunsten der halbwüchsigen Buben. Aber trotzdem war es immer noch zu wenig und reichte auf keinen Fall zusätzlich für Irene aus. Also war sie auf der Suche nach einer neuen Bleibe für sie.

Frau Hoffmann war eine sehr talentierte Frau und vielseitig begabt. Sie konnte nämlich ganz gut schneidern, und meine Mutter versuchte, ihr damit unter die Arme zu greifen, indem sie ihr hier und da eine Kundin verschaffte, die ihre Näharbeit dann mit Lebensmitteln bezahlte.

Auch für uns nähte sie einige Kleidungsstücke auf der alten Nähmaschine meiner Mutter, die sie Frau Hoffmann zur Verfügung gestellt hatte, natürlich auch gegen Essbares, das sie meistens mit Eiern von meiner Oma bezahlte, und beiden war geholfen. Auch für Irene hatte meine Mutter inzwischen einen Platz gefunden, wo sie gut versorgt war und nicht zu hungern brauchte.

Von unserem Nachbarn, dem Bäckermeister, dem auch das Haus gehörte, in dem wir wohnten, hatte meine Mutter beim Einkaufen erfahren, dass seine Gattin für den dreijährigen Sohn ein Kindermädchen suchte. So ein Glücksfall in dieser schweren Zeit. Meine Mutter gab diese freudige Neuigkeit sofort an Frau Hoffmann weiter, die natürlich unsagbar erleichtert war, die Sorge um Irene los zu sein, schließlich war sie ihr ja nicht gleichgültig. Bei der Bäckersfrau würde sie es gut haben.

Diese glückliche Vermittlung ergab auch für uns einen kleinen Vorteil. In der Mittagszeit, wenn der Bub sein Mittagsschläfchen hielt, musste Irene im Verkauf mithelfen. Sie hatte meiner Mutter heimlich den Tipp gegeben, mich um die Zeit, wenn sie im Geschäft war, zum Broteinkauf zu schicken. Beim Bezahlen, wenn ich ihr Geld und Brotmarken auf den Ladentisch legte, schob sie mir die Brotmarken wieder zurück. Ich verstand nicht sofort, warum sie mir die Marken zurückgab, und nahm an, dass sie sich geirrt hatte, und schob die Marken auch wieder zurück. Aber sie gab mir zu verstehen, dass das seine Richtigkeit hätte und ich diese nur meiner Mama geben sollte. Also nahm ich die Marken und das Brot an mich und lieferte beides zu Hause ab.

Ich war natürlich neugierig und fragte zu Hause meine Mutter sogleich, warum Irene von mir keine Marken nehmen wollte. Worauf sie sagte: „Du weißt doch, dass Irene bei mir im Schlafzimmer schlafen durfte, weil Frau Hoffmann keinen Platz für sie hatte, und mit diesem Geschenk möchte sie sich wahrscheinlich dafür bedanken, und außerdem wäre es gut, wenn du niemandem davon erzählen würdest." Das verstand ich und versprach, mit keinem Menschen darüber zu reden.

Eines Tages, am Vormittag, klopfte es recht heftig bei uns an der Haustür. Erschrocken ging meine Mutter an ein straßenseitiges Fenster, um von oben zu schauen, wer da so forsch klopfte. Es war Militärpolizei, die Einlass wollte. „Was ist jetzt passiert?", fragte mich meine Mutter aufgeregt. „Was können die nur von uns wollen? Wir haben doch nichts verbrochen!" Aber draußen stehen lassen durfte sie sie keinesfalls, sonst wäre noch der Verdacht entstanden, dass sie etwas zu verbergen hätte.

Also ging meine Mutter die Stiegen hinunter, um die Eingangstür zu öffnen. Einer der drei bewaffneten Polizisten sagte kurz angebunden: „Hausdurchsuchung!" Meine Mutter fragte ängstlich: „Warum?" „Wegen Waffen, Hitlerbüchern oder – bildern", sagte er forsch!

Oben im Stiegenhaus hatte auch Frau Hoffmann ihre Zimmertür geöffnet, um nachzusehen, was da unten los war. Vorbei an meiner Mutter bahnten sich die drei den Weg über die Treppe nach oben und betraten sogleich den Raum durch Frau Hoffmanns offen stehende Tür und begannen hier als Erstes mit ihren Nachforschungen. Sie waren ein wenig erstaunt, als sie ihren Gatten zu Gesicht bekamen. Herr Hoffmann war genauso erstaunt beim Anblick von den drei fremden Uniformierten, als diese plötzlich vor ihm standen.

Er wurde sogleich gefragt, warum er nicht in der Gefangenschaft sei? Aber Herr Hoffmann konnte ihnen Papiere vorzeigen, dass er Kriegsversehrter sei und darum schon längere Zeit kriegsuntauglich war. Er wurde sehr misstrauisch angesehen, aber sie ließen ihn erfreulicherweise in Ruhe, denn die drei hatten anderes im Kopf und setzten ihre Durchsuchung nach den gewünschten Objekten fort.

Es war sehr peinlich für alle, weil fremde Männer in unseren persönlichen Sachen herumstöberten. Aber sie ließen keinen Kasten und keine Lade nicht durchsucht. Zuerst in allen Räumen, dann im Dachboden und zum Schluss im Keller. Bei uns hatten sie kein Glück und verließen das Haus wieder ohne Beute, und wir atmeten alle erleichtert auf, als sie fort waren.

Nur Frau Hoffmann stand der Schreck noch im Gesicht geschrieben wegen der Angst, die sie um ihren Mann gehabt hatte. Schließlich konnte man nie sicher sein, ob ihnen nicht etwas eingefallen wäre, um ihn mitzunehmen. Frau Hoffmann fiel ein Stein vom Herzen, und sie war sehr erleichtert, dass sie ihren Gatten in Ruhe gelassen hatten.

Am Nachmittag sollten wir noch einmal bei meiner Oma eine Begegnung im privaten Wohnbereich mit einem Soldaten haben. Die im Alltag schwer zugängliche Erreichbarkeit des am See gelegenen Hauses meiner Großeltern – über 58 Stufen musste alles hinauf- oder hinuntertransportiert werden – erwies sich in der Besatzungszeit als wahrer Segen. Während an der Straße liegende Häuser vor Überraschungsbesuchen nie so sicher waren, blieb das meiner Großeltern weitgehend unbehelligt, da es oben von der Straße, wegen der dichten Vegetation an der Böschung, nicht eingesehen werden konnte.

Trotzdem wurde es von einem einzelnen Soldaten entdeckt. Möglich, dass er auf Schnüffeltour war. Auf alle Fälle stand er plötzlich mit einem Gewehr über der Schulter mitten auf der Treppe, schaute sich um und bewegte sich langsam aber vorsichtig abwärts. Er wirkte verunsichert. Schließlich wusste er ja nicht, was ihn da unten erwartete.

Als Erste hatte ihn meine Oma entdeckt und war natürlich sofort beunruhigt. Sie stellte sich logischerweise die Frage: „Was will ‚der' hier?" Langsam aber sicher kam er näher und ging auf meine Oma zu. Er war sehr freundlich und grüßte sogar. Ich, als neugieriges Kind, stellte mich sogleich neben meine Oma und wollte natürlich auch wissen, was der fremde Mann hier wollte. Er verlangte nach ‚ex', und meine Oma glaubte, er wollte eine Axt. Aber er zeigte ihr eindeutig mit den Fingern ein ovales Zeichen, und sie hatte verstanden. Sie stellte sich weiterhin dumm, als verstünde sie ihn nicht, weil sie nicht die Absicht hatte, ihm Eier zu geben.

Mein Opa, der die Diskussion hinter der Tür mit angehört hatte, kam jetzt heraus und gesellte sich dazu. Er hatte mitbekommen, dass meine Oma ihm keine Eier geben wollte, und sagte zu ihr: „Willst du dir wegen ein paar Eiern Probleme einhandeln? Zahlt sich das wirklich aus? Ich glaube, das sind die paar Eier nicht wert. Du weißt genau, wer bei uns jetzt das Sagen hat, also gib ihm die Eier, die er verlangt. Er weiß, dass du welche hast. Die Hühner hat er auf seiner Erkundungstour von oben sicher nicht gesehen, aber gehört, also weiß er auch, dass du Eier hast."

Sie meinte aber: „Wenn ich ihm einmal welche gebe, kommt er vielleicht des Öfteren welche holen." „Ich hoffe nur, dass er uns nicht versteht, also gib ihm endlich die Eier und riskiere nicht, dass er sie von dir fordert – er hat nämlich alle Rechte, und er hat bis jetzt freundlich darum gebeten", sagte mein Opa – mit Nachdruck.

Endlich folgte meine Oma Opas Rat und holte drei Eier für den Soldaten, der übers ganze Gesicht strahlte, als er diese sah. Die Eier wickelte sie ihm in Zeitungspapier ein, die der Soldat dann in seine Uniformtaschen steckte, sich bedankte und ging. „Vielleicht ist er auch ein armer Kerl – wie die meisten Soldaten", meinte mein Opa noch.

Neugierig, wie ich war, fragte ich meine Oma, warum sie dem fremden Mann Eier gegeben hatte. „Weil wir den Krieg verloren haben", sagte sie zu mir. „Warum haben wir den Krieg verloren – Oma?" Ich wollte es wissen, weil ich die Zusammenhänge mit dem Krieg und den Eiern nicht verstand. „Das ist nicht so leicht erklärt, mein Kind", antwortete meine Oma. „Aber ich will es trotzdem versuchen: Also, wenn ihr Kinder Indianer miteinander spielt und zwei Parteien gegeneinander kämpfen, gibt es einen Sieger, und der hat dann das Sagen. Der fremde Soldat gehört zu den Siegern und hat darum bei uns das Sagen. Verstehst du das?" „Ja, das habe ich verstanden. Und er kann jetzt immer wieder kommen und sich bei dir Eier holen, wenn er will?", fragte ich. „Das wollen wir doch nicht hoffen", meinte meine Oma.

Die letzte Aufforderung, die wir noch bekamen, war der Befehl von der Kommandantur, dass alle Fotoapparate sowie alle Arten von Ferngläsern auf der alten Wache abzuliefern seien. Der Familienrat trat zusammen und beratschlagte, ob wir der Aufforderung Folge leisten sollten. Natürlich waren sich alle uneinig. Einerseits wollte man auf keinen Fall einen Fehler begehen und andererseits wusste ja keiner, was wir wirklich besaßen.

„Wie wäre es, wenn wir nur einen Teil abliefern würden?", schlug meine Mutter vor. Worauf Otto sogleich konterte: „Wir liefern nichts ab und behalten alles." „Lieber nicht, wenn man uns draufkommt, bekommen wir sicher Ärger", meinte meine Oma. „Lasst uns die alte Agfa abliefern, aber die beiden Gucker will ich zur Beobachtung selber behalten", sagte mein Opa – und so geschah es.

Einige Tage nachdem der Soldat wegen der Eier bei uns gewesen war, kamen zwei andere Soldaten auf Besuch und fragten, ob wir ein Boot hätten. Mein Opa bejahte dies und zeigte ihnen seinen kleinen alten Kahn, der in keinem guten Zustand war. Einer der beiden sprach gebrochen Deutsch und meinte, das würde nichts machen, sie wollten nur ein wenig auf dem See rudern und würden das Boot wieder zurückbringen.

Was sollte mein Opa dazu sagen? Er gab ihnen die Ruder – und aus. Dann aber, zu seiner großen Überraschung, brachten sie das Boot am Abend wirklich zurück. Schon zwei Tage später waren sie wieder da, um noch einmal eine Bootsfahrt zu machen, und dieses Mal hatten sie sogar Geschenke dabei. Eine Schachtel Zigaretten und einige Tafeln Schokolade, sie hatten nämlich mitbekommen, dass es hier auch Kinder gab.

Meine Oma freute sich über die zusätzlichen Zigaretten und wir Kinder über die Schokolade. Es wurde dann zur Gewohnheit, dass die drei Männer das Boot regelmäßig einige Male in der Woche borgten, bis zu dem Tag, wo wir vergeblich auf ihre Rückkehr warteten. Mein Opa war schon ein wenig enttäuscht, auch weil er sie falsch eingeschätzt hatte, und nun war sein altes Boot für immer fort. Er hatte es noch sehr gern hier und da zum Angeln benutzt, aber das konnte er jetzt vergessen. Nun blieb ihm nur noch die Möglichkeit, vom Steg aus zu angeln, was natürlich nicht zu vergleichen war mit dem Angeln vom Boot aus. Eine gute Fischmahlzeit zwischendurch brachte eine Abwechslung in unseren sonst doch eher eintönigen Speiseplan. Darum freuten wir uns sehr, wenn ihm das Glück hold war und er einen guten Fang ins Haus brachte. Einmal fing er sogar einen größeren Hecht, von dem meine Oma an zwei Tagen für uns alle ein Mittagessen bereiten konnte.

Nachdem wir einen besonders schönen Sommer hatten, gedieh das Gemüse im Garten außergewöhnlich gut, und auch das Obst auf den Bäumen hatte sich prächtig entwickelt und versprach eine gute Ernte. Zusätzlich zu unserem Gemüsegarten hatte mein Opa auch noch unsere schöne Wiese umgegraben, um genügend Land für den Kartoffel-Anbau zu gewinnen. Es wurde nämlich ein besonders kalter Winter vorhergesagt, und da musste rechtzeitig Vorsorge getroffen werden, natürlich nur in dem Rahmen, wie es die Umstände erlaubten. Kartoffeln zählten gleich nach dem Brot immer noch zu unserer Haupternährungsgrundlage in der Zeit.

Inzwischen hatte meine Oma von einer neuen Einnahmequelle gehört, um an mehr Zigaretten heranzukommen. Die Besatzungssoldaten ließen oft – hauptsächlich Offiziere – ihre Wäsche privat waschen. Also schickte sie Otto sogleich los auf Erkundungstour, ob er eventuell auch für sie Wäsche zum Waschen organisieren könnte. Zu der Zeit war es sowieso üblich, dass sich die größeren Buben gerne in der Nähe von Soldaten aufhielten, weil diese Zigarettenkippen auf die Straße warfen und die Burschen sich darum rissen, sie aufzuheben, um möglichst noch einen Zug davon machen zu können. In diesen Gruppen bewegte sich Otto auch des Öfteren und war dadurch immer über die letzten Neuigkeiten gut informiert.

Auf alle Fälle kam er nicht mit leeren Händen nach Hause, er hatte ein großes Wäschepaket für meine Oma organisiert, worüber sie hocherfreut war. Sie war sehr überrascht, dass es Otto so schnell gelungen war, sie mit Wäsche zu versorgen. Aber jetzt gab es ein neues Problem. Gute Waschmittel waren nämlich in dieser Zeit eine Rarität. Für die Körperpflege gab es zwei

Sorten von Seife. Sandseife für Hände und Füße, die sehr grob war, und Schwimmseife, die so leicht war, dass sie sogar oben auf dem Wasser schwamm. Diese schaumgebremste, geruchlose Seife wurde für den Rest des Körpers benutzt.

Aber meiner Oma blieb nichts anderes übrig, als die Wäsche mit diesen Hilfsmitteln zu waschen. Gespült wurde prinzipiell im See, um sich das viele Wasserschleppen zu ersparen. Meine Großeltern holten damals nämlich noch ihr Wasser aus einer Pumpe hinter dem Haus. Das Spülen der Wäsche im See übernahm die ältere Tochter meiner Oma, meine Tante Erna, und das Bügeln der Hemden übernahm meine Mutter. Wir hatten in der Stadtwohnung nämlich schon Gas, welches aber zu der Zeit, wie auch der Strom, nur zu gewissen Zeiten des Tages zur Verfügung stand. Diese Stunden nutzte meine Mutter, um entweder mit dem Elektroeisen oder mit dem Gaseisen zu bügeln. Ansonsten hätte meine Oma nämlich mit dem alten Kohlebügeleisen bügeln müssen, was aufwendig und anstrengend war. So war die Arbeit der drei Frauen sehr gut untereinander verteilt.

Wenn Otto dann die fertige Wäsche wieder in die Kaserne brachte, bat meine Oma ihn, er möge bei dem nächsten Wäschepaket um Seife bitten. Er versprach, dieses zu tun, und er brachte tatsächlich wohlduftende Toiletteseife mit nach Hause. Dieses Mal brachte er außer Zigaretten und Schokolade zusätzlich etwas für mich noch völlig Unbekanntes mit, nämlich Kaugummi.

Ich machte meine erste Bekanntschaft mit einem völlig absurden Gegenstand, mit dem ich nichts anzufangen wusste. Otto klärte mich auf über die Funktion von Kaugummi. Ich konnte mir aber trotzdem nicht so recht vorstellen, was daran gut sein sollte, wenn ich zuerst etwas im Mund lutsche, um es dann nach einiger Zeit wieder auszuspucken. Das Ganze schien mir nicht geheuer, wozu sollte so etwas gut sein, fragte ich mich. Ich bin auch nie ein Kaugummifan geworden.

Zu unserer großen Freude florierte das Wäschegeschäft großartig, Otto brachte meiner Oma regelmäßig Wäsche und Seife nach Hause. Natürlich verbrauchte sie die Seife nicht nur für die Wäsche alleine, sondern behielt einen Teil für die Familie und einen Teil als Handelsware zurück.

Seit Neuestem nahm mich meine Oma immer öfter mit auf ihre Tauschtouren. Sie wollte, dass ich einige von ihren Kontaktpersonen kennenlernte, damit ich sie vertreten konnte, wenn sie aus irgendwelchen Gründen verhindert sein sollte. In einem Lebensmittelgeschäft machte sie mich mit einer Verkäuferin bekannt, die ihre Buttermarken für Zigaretten eintauschte, und auf diese Art lernte ich ihre meisten Kontaktleute kennen und die auch mich.

In der Bäckerei, unsere Nachbarn von unserer Stadtwohnung, war die Chefin bei unserem Vorstellungsgespräch hauptsächlich an der Seife interessiert, und sie sagte zu mir: „Wenn du mit Seife kommst, musst du dich nicht vorne im Geschäft anstellen, sondern du kommst gleich zu mir zur Hintertür herein und musst nicht warten." Zigaretten und Seife öffneten alle Türen leichter in dieser Zeit.

Zwischendurch brachte Peter uns immer wieder zusätzliche Fleischrationen von den Verwandten aus der Bäk. Auch in weiterer Folge blieb er unser treuester Kontaktmann zu den Urgroßeltern. Natürlich war es nicht sein Schaden, denn auch er erhielt von meiner Oma Zigaretten für seinen Tauschhandel.

Eines Tages, als ich vom Spielen bei meiner Freundin Ilse auf dem Heimweg war, hatte ich unterwegs eine Begegnung mit einer älteren Frau, von der ich mir einbildete, dass ich sie von irgendwoher kannte. Aber mir fiel nicht sofort ein, woher. Ich fand auch, dass sie für meine kindlichen Begriffe zu auffällig aussah. Dass sich eine Frau in ihrem Alter so herausputzte, sie musste älter als meine Oma sein, dachte ich mir. Im Haar hatte sie eine Schleife, rosige Wangen und zu allem Übel auch noch einen knallroten Mund – unmöglich, wie das aussah, fand ich. Aber vielleicht war die Schminke der Grund, dass ich sie nicht sogleich erkannte, sie sah dadurch verändert aus.

Auf alle Fälle erzählte ich meiner Mutter sofort von dieser kuriosen Begegnung, als ich zu Hause ankam. Meine Mutter musste gleich lachen und erzählte mir von dem Erlebnis, das sie und ihre Schwester am frühen Nachmittag bei der Oma hatten.

Sie war wie immer zum Helfen bei ihrer Mutter. Es gab ungewöhnlich viel Arbeit mit dem Einkochen von Obst und Gemüse als Wintervorrat. Meine Tante, meine Mutter und meine Oma waren gerade mitten in der Arbeit, als sie überraschend Besuch bekamen aus Mechow, einem Nachbarort von der Bäk. Es war die Auguste, genannt in Kurzform Gusti. Sie war eine geistig zurückgebliebene Tochter eines Bauern, die aber so weit imstande war, sich selbstständig zu versorgen. Sie besaß sogar eine eigene kleine Wohnung für sich allein. Diese Gusti kannten meine Verwandten noch von früher, als sie selber in der Bäk gewohnt hatten. Besonders die jüngere Generation, die Kinder meiner Großeltern, die sie während ihrer Schulzeit mit Vorliebe gehänselt hatten, wonach die Ärmste sich dann regelmäßig beim Lehrer über die bösen Kinder beklagt hatte. Meine Tante Erna war bei den Hänseleien gerne an erster Stelle gewesen, und sie hatte natürlich ihre Hände auch jetzt wieder im Spiel.

Seit meine Großeltern in Ratzeburg wohnten und sie Gusti ja gut aus früherer Zeit kannten, kam sie gerne auf einen Sprung bei ihnen vorbei, wenn sie zufällig einmal in Ratzeburg war. Dies geschah sicher nicht öfter als zwei bis drei Mal im Jahr, und dann kam sie stets auf einen Kurzbesuch zu ihnen. Selbstverständlich bekam sie immer ein Getränk angeboten, und sie erzählte meiner Oma dann immer die letzten Dorfneuigkeiten. Man könnte es auch als Tratsch bezeichnen. Dieses Mal überraschte sie meine Oma und ihre Töchter mitten beim Einkochen. Sie waren nicht wenig erstaunt, als sie Gusti plötzlich ziemlich erschöpft vor sich sahen. Ihretwegen wurde eine Pause eingelegt, und alle vier nahmen Platz an einer freien Ecke am Küchentisch. Meine Oma machte sich die Mühe und kochte eine Kanne Malzkaffe für alle. Diese kleine Pause zwischendurch kam ihnen sehr gelegen, und schließlich waren sie neugierig, was Gusti für Neuigkeiten zu erzählen hatte.

Aus welchem Grund auch immer sie einen Ausflug nach Ratzeburg gemacht hatte, interessierte dieses Mal niemanden. Alle wollten nur eines wissen, wie sie es geschafft hatte, über die Grenze zu kommen. Die Neugierde von Oma, Mutter und Tante war grenzenlos. Meine Tante fragte natürlich als Erste: „Gusti, welchen Weg bist du gegangen?" Sie nahm erst einmal einen ordentlichen Schluck Kaffee und antwortete dann: „Wie immer!" „Bist du nicht an der Grenze angehalten worden?", fragte meine Tante nach? „Ja, zwei nette junge Soldaten haben mit mir gesprochen, aber ich habe sie nicht verstanden, ich habe geantwortet und sie haben mich nicht verstanden. Danach haben sie mich in ein anderes Zimmer geführt, und sie haben mit mir etwas gemacht, was mir sehr gut gefallen hat, und ich gehe den gleichen Weg wieder zurück nach Hause."

Meine Oma war schockiert, aber ihre Töchter konnten sich vor Lachen kaum halten, und meiner lieben Tante fiel natürlich ein gemeiner Gag dazu ein und sie sagte: „Gusti, du solltest dich schön machen, wenn du denselben Weg wieder zurückgehst. Den Männern gefällt das, und ich kann dir dabei behilflich sein, wenn du willst? Als Erstes solltest du deine Haare schön bürsten und mit einem Haarband verschönern, dann noch ein wenig Rouge auf die Wangen und als Abschluss die Lippen rot anmalen, und Parfum gebe ich dir auch von mir." Gusti war total begeistert und meiner Tante sehr dankbar, dass sie so gut zu ihr war. So auffällig geschminkt, war sie mir in der Innenstadt begegnet, als ich sie nicht erkannte.

Sie war total glücklich und hat sich, noch bevor es dunkel wurde, wieder auf den Heimweg gemacht. Es dürfte alles glatt verlaufen sein, weil man nie von irgendeinem Vorfall an der Grenze gehört hatte. Wenn ihr irgendetwas passiert wäre, hätten wir es auf alle Fälle von Peter erfahren. Für Gusti war es ein abenteuerlicher Ausflug, und sie dürfte keinen Schaden erlitten haben. Über diese Story haben wir noch oft gelacht.

Der Sommer ging schon langsam dem Ende zu und es war nicht nur allein damit getan, sich mit Essensvorräten zu versorgen, sondern auch mit Brennmaterial zum Heizen. Nun hatte mein Opa alle Hände voll zu tun, um genügend Brennmaterial für den Winter zu beschaffen. Er musste Holz für zwei Haushalte besorgen, zumindest auch einen Teil für unsere Stadtwohnung.

Eine gewisse Menge an Brennmaterial bekam meine Mutter natürlich zugeteilt, aber das war nicht ausreichend für den Winter, und so versorgte uns unser Opa mit einem Teil zusätzlich. Er hatte zum Glück Beziehungen zu einem Förster, der ihm eine größere Menge an Holz zukommen ließ.

Aber mit dem Holz allein, das ja noch im Wald lag, war es nicht getan. Wie sollte man diese großen Scheite nach Hause transportieren? Da musste schon ein Traktor her. Unsere Verwandten auf dem Lande hätten zumindest Pferd und Wagen für uns zur Verfügung gehabt. Aber von diesen waren wir momentan noch abgeschnitten.

Mit den Transportmitteln war es zu dieser Zeit nicht einfach. Vom Kohlenhändler konnten wir die Kohlen eventuell noch mühselig mit einem Handwagen nach Hause transportieren. Aber die Mengen an Holz aus dem Wald ohne Fahrzeug zu holen, war schier unmöglich.

Nun war guter Rat im Sinne des Wortes teuer. Mit Geld war zur damaligen Zeit nichts zu machen, es funktionierte eben rein alles nur über Lebensmittel, weil fast alle Menschen zu dieser Zeit immer nur eines hatten, und das war „Hunger!" Darum waren sie auch bereit, für ein wenig Essen ihr Letztes zu geben, sogar die schönsten Wertsachen. Mein Opa konnte nur den Förster fragen, weil dieser Kontakte zu Fuhrleuten hatte, ob er jemanden für den Transport organisieren könnte, und zu welchen Bedingungen er bereit wäre?

Der Förster gab meinem Opa die Adresse eines Mannes, von dem er wusste, dass er Pferd und Wagen hatte, und mit ihm sollte er sich den Preis aushandeln. Mit diesem Mann nahm mein Opa Kontakt auf und handelte einen Preis mit ihm aus. Zusätzlich zu den finanziellen Kosten, die selbstverständlich waren, wollte er für den Transport natürlich auch noch Naturalien. Mit zwei schönen großen Kaninchen und einigen Schachteln Zigaretten aus dem Zigarettenvorrat meiner Oma war er einverstanden. Was blieb uns anderes übrig? Wenn wir im Winter nicht frieren wollten, mussten wir Opfer bringen.

Mein Opa hatte am Ende des Gartens einige Kaninchenställe stehen und nicht weit davon entfernt einen kleinen Auslauf für seine Hühner, die uns regelmäßig ein paar Eier legten. Am Sonntag hatten wir durch die eigene Zucht meines Opas hier und da einen Braten auf dem Tisch – entweder ein Huhn – oder ein Kaninchen – aufgeteilt auf sieben Personen. Nun fielen zu unserem Bedauern zwei Sonntagsbraten weg, aber dieses Opfer mussten wir bringen für eine warme Stube im Winter.

Als das viele Holz vor dem Eingangstor in einem riesigen Stapel abgeladen worden war, wartete die nächste Schwerarbeit auf uns, weil die großen Scheite noch die 58 Stufen hinuntergeschleppt werden mussten. Jetzt hatten alle Familienmitglieder alle Hände voll zu tun. Wir mussten es schaffen, das Holz noch vor dem Dunkelwerden nach unten zu bringen, weil ansonsten mit Sicherheit am kommenden Tag kein Stück mehr daliegen würde. Also war auch noch Eile angesagt.

Mit seinen fünf Jahren war mein Bruder natürlich zu klein und zu jung und von der Schlepperei ausgenommen. Ich wurde auch mit in die Pflicht genommen und musste brav tragen helfen. Am Abend wusste ich nicht mehr, wie oft ich die Treppen hinaufgelaufen war und war dementsprechend erschöpft, wie die anderen auch, und alle waren froh, als sie sich endlich niedersetzen konnten. Meine Oma hatte inzwischen für uns Schwerarbeiter einen deftigen Eintopf gekocht, den wir alle mit großem Appetit gemeinsam aßen, bevor meine Mutter, von diesem arbeitsreichen Tag erschöpft und müde, mit meinem Bruder und mir nach Hause ging.

In den kommenden Tagen blieb mir kaum noch Zeit zum Spielen. An fast allen Tagen wurde bei den Großeltern nur noch Holz gesägt. Damals sägte man das Holz fast ausschließlich mit der Hand, und bei der Menge die wir zu sägen hatten, war es eine absolute Schwerarbeit. Aber zu zweit konnte man sich die Arbeit bedeutend erleichtern, darum halfen Otto, meine Mutter und Tante Erna meinem Opa abwechselnd beim Sägen. Ich wurde zum Tragen und Schichten des Holzes eingeteilt. Alles, was auf dem Dachboden Platz hatte, musste mühselig hinaufgetragen werden, und den übrigen Rest schichteten wir an der Hauswand so weit wie möglich hinauf, welches eine zusätzliche Wärmedämmung abgab.

Abends, wenn wir nach getaner Arbeit heimgingen, nahm meine Mutter den kleinen Handwagen meines Großvaters, angefüllt schon mit kleingehacktem Holz, mit nach Hause. Unten im Stiegenhaus hatten wir genügend Platz, wo wir eine größere Menge Holz aufschichten konnten. Diese Arbeit erledigte meine Mutter noch mit uns, bevor wir in die Wohnung hinaufgingen. Mein Bruder und ich reichten ihr die Holzstücke, die sie dann in einer Reihe an der freien Wand aufschichtete. Schließlich wollte sie den Handwagen am kommenden Tag zum neuerlichen Befüllen wieder leer mitnehmen. Wir mussten unbedingt rechtzeitig so viel Holz wie möglich zur Vorsorge nach Hause schaffen, schließlich rückte der kommende Winter langsam näher.

Heizmaterial und Nahrungsmittel waren für den Winter überlebenswichtig. Was den Menschen nämlich zu jener Zeit auf der Lebensmittelkarte zur Verfügung stand, reichte in keiner Weise aus. Besonders betroffen waren die Menschen in den Städten, die keine Beziehungen oder Verwandte auf dem Lande hatten, um hier und da eine kleine Zubuße zu erhalten. Diesen armen Menschen war der Hunger Tag und Nacht ein ständiger Begleiter.

Darum war es auch die größte Sorge meiner Oma, so viele Kartoffeln wie möglich zu organisieren, um ihren Vorratskeller damit anzufüllen. Sie wollte, dass ihre Familie über den Winter gut versorgt war. Eine der wichtigsten Grundnahrungsmittel unserer hungernden Bevölkerung waren nämlich noch immer die Kartoffeln. Also war ihr Bestreben, in Mengen Kartoffeln zu organisieren. Aber die Mengen, die meine Oma wollte, konnte sie natürlich nur bei den Bauern bekommen. Diese waren jedoch leider nicht erreichbar, weil sie durch die Grenze von uns getrennt waren. Als einzige Möglichkeit, sich genügend Kartoffeln zu besorgen, blieb für uns wieder nur der Transport über den See.

Für diese Aufgabe war Peter genau der richtige Mann. Er transportierte nach wie vor Menschen sowie auch Handelsware über den See. Das Glück war ihm hold nach dem schrecklichen Unfall, den er und Emma bei einer Überfahrt erleiden mussten. Alle seine weiteren Überfahrten standen unter einem guten Stern, und in letzter Zeit waren alle problemlos verlaufen, wofür wir auch unendlich dankbar waren. Selbstverständlich war das natürlich nicht, es gab nämlich auch einige Todesfälle.

An mindestens drei erinnere ich mich mit Sicherheit, wobei einer davon besonders tragisch war. Eine Nachbarin von meiner Oma wollte ihre Mutter, die auch in der Bäk wohnte, unbedingt noch vor dem Wintereinbruch für immer zu sich holen. Diesen Transport übernahm ihr Schwiegersohn persönlich.

Aber leider verlief die Überfahrt dramatisch, die Frau wurde von einem Scharfschützen mit einem Schuss direkt in den Kopf getroffen, der sie leider das Leben kostete.

Gleich nach der Kartoffelernte hatte meine Oma Peter gebeten, für sie bei jeder Überfahrt, die er unternahm, Kartoffeln mitzubringen, natürlich nicht ohne Gegenleistung. So gelangten langsam aber sicher mit der Zeit mit jedem Transport viele prallgefüllte Säcke mit Kartoffeln in Omas Vorratskeller.

In der Zwischenzeit hatte meine Oma wieder eine neue Tauschquelle erschlossen. Von der Verkäuferin, bei der sie Zigaretten gegen Butter eintauschte, hatte sie einen Geheimtipp über einen Chauffeur erhalten, der Lebensmittel transportierte, ebenfalls ein starker Raucher wie sie und an Zigaretten sehr interessiert war. Er bot als Gegenleistung braunen Zucker an.

Die Verkäuferin stellte den Kontakt zwischen dem Chauffeur und meiner Oma her, und sie kamen schnell ins Geschäft. Nachdem sie sich einig geworden waren, mussten sie nur noch eine Möglichkeit finden, wie der Zuckersack – der immerhin ein Gewicht von 50 Kilo hatte – unbemerkt von Dritten geliefert werden konnte. Schließlich war Schmuggeln offiziell verboten, wenn es auch jeder, der die Möglichkeit dazu hatte, heimlich tat. Trotzdem war es besser, sich nicht erwischen zu lassen.

Drum suchte der Fahrer auch nach der sichersten Möglichkeit, wie er den Sack mit Zucker am besten bei meiner Oma abliefern konnte. Er entschloss sich, noch vor dem Ausliefern an die Geschäfte, in der frühen Morgenstunde, wenn es noch einigermaßen dunkel draußen war, zu liefern. Schon am kommenden Morgen setzte er seinen Plan in die Tat um. Er parkte seinen Lastwagen in einem schmalen Seitenweg neben der Kirchenmauer, um möglichst ungesehen zu bleiben.

Danach beeilte er sich, den 50 Kilo schweren Zuckersack so schnell als möglich die 58 Stufen hinunterzutragen, um ihn dann bei meinen Großeltern abzuliefern. Diese erwarteten ihn schon, da er ihnen eine ungefähre Zeit angegeben hatte, wann er circa kommen würde. Geschwind tauschten sie ihre Waren aus – Zucker gegen Zigaretten – dann lief er wieder schnell die Stiegen hinauf zu seinem Auto, um möglichst unbemerkt und unauffällig zu verschwinden.

Nachdem meine Großeltern die Tür hinter sich zugesperrt hatten, schleppten sie den schweren Zuckersack gemeinsam über die Bodenstiege hinauf auf den Dachboden. Hier befand sich nämlich eine große alte Truhe, in der sie den Sack verstecken und natürlich auch vor Ungeziefer schützen wollten. Überglücklich und dankbar für diesen Schatz, legten sie sich danach sehr zufrieden noch ein wenig schlafen.

Der kommende Tag war für mich ein besonderer Tag. Wie üblich war die Familie zu Mittag wieder bei unserer Oma versammelt. Schon beim Betreten der Küche umgab mich ein verführerischer Duft, den ich nicht genau einordnen konnte, aber sehr wohl kannte. Darum fragte ich meine Oma, woher der unvergleichlich gute Duft käme. Sie aber antwortete nur: „Lass dich überraschen und warte bis nach dem Mittagessen."

So schnell hatte ich meinen Teller schon lange nicht geleert, vor lauter Neugierde, was für eine Überraschung mich nach dem Essen erwarten würde. Aber dann – der große Augenblick war gekommen. Meine Oma hatte Butter und Zucker von ihren Schätzen geopfert, um uns Kindern eine Freude zu bereiten. Sie hatte Karamellbonbons für uns geröstet, daher auch der unbeschreiblich gute Duft, der noch immer im Raum lag. Voller Freude umarmte ich meine Oma für diese wirklich großzügige Überraschung und küsste sie auf beide Wangen. Sie wusste, wie sehr ich Karamellbonbons liebte, und hatte mir, meinem Bruder und Otto diesen Genuss bereitet.

Die Überraschung war gelungen. Natürlich hatte sie mir nicht verraten, wie viel Zucker sie besaß, weil sie mich kannte und ich sie ansonsten mit Sicherheit des Öfteren gebeten hätte, mehr von den guten Bonbons für uns zuzubereiten. Sie kannte mich und wusste genau, wie groß mein Heißhunger auf Süßigkeiten war.

Dieser Tag blieb mir in besonderer Erinnerung. Auch noch in späteren Jahren dachte ich sehr gern an diesen sehr schönen Tag in meinem Leben, in Liebe an meine Oma zurück. Offiziell gab es auf den Lebensmittelkarten nur einen kleinen Abschnitt mit 60 Gramm an Süßigkeiten. Regelmäßig am Ersten des Monats, nachdem die neuen Lebensmittelkarten ausgegeben waren, ging ich zu meiner Oma, um mir diesen kleinen Sonderabschnitt für Süßigkeiten von ihr zu erbitten, den sie mir auch gerne zukommen ließ.

Den Abschnitt von der Karte meines Opas bekam Otto, und der Abschnitt meiner Mutter wurde zwischen mir und meinem Bruder aufgeteilt, weil mein Bruder keinen wirklich großen Wert auf Süßigkeiten legte. Er hatte nämlich eine andere Vorliebe, er aß mit Leidenschaft gerne hier und da ein Spiegelei, das meine Mutter oder meine Oma auch für ihn zubereitete, wenn sie ein Ei entbehren konnten.

Jetzt, da meine Oma solche Mengen an Zucker besaß, ließ sie Peter bei seiner nächsten Tour gleich einen 5 KiloSack für die Urgroßeltern mitnehmen.

Die Urgroßeltern besaßen nämlich einen wunderschönen großen Garten, in dem sie jede Menge Obst und Gemüse angepflanzt hatten, und zum Marmeladeeinkochen kam der Zucker meiner Uroma sehr gelegen. Sie kochte, genauso wie meine Oma noch nach alter Tradition, alle Sorten an Obst und Gemüse in Rexgläser ein, um sie für den Winter haltbar zu machen. Sie schickte nach wie vor auch den geringsten Überschuss, den sie entbehren konnte, durch Peter an uns. Die zwei alten Leute hatten einen viel geringeren Bedarf an Lebensmitteln als wir.

Inzwischen hatte auch meine Oma ihre sämtlichen Einsiedgläser und -flaschen mit Gemüse, Kompotten und Säften angefüllt. Aus Platzmangel hatte sie alle ihre Gläser und Flaschen auf ihre Kleiderschränke im ungeheizten kühlen Schlafzimmer gestellt. Leider hatte sie keinen wirklich großen Keller zur Verfügung. In ihrer Küche – unter einer Luke – befand sich eine Art Kellerraum, in den man über eine steile Leiter hinabsteigen konnte. In diesem kühlen Erdraum lagerten Kartoffeln, Kohl, Rüben und Karotten ... mit anderen Worten, unser Wintervorrat.

Die Gläser, die meine Oma bei sich nicht mehr unterbringen konnte, gab sie meiner Mutter schon als Vorrat für uns mit. Wir hatten zum Glück einen großen kühlen Keller im Haus und somit noch jede Menge Patz für weitere Vorräte.

Die Erntezeit war voll im Gang. Von den Beerensträuchern im Garten hatten die drei Frauen schon jede Menge an Marmelade eingekocht. Die Marmelade war in unserer Familie ein äußerst wichtiger Bestandteil des täglichen Lebens. Es konnte nämlich vorkommen, dass wir überhaupt keinen Brotaufstrich zur Verfügung hatten, und wir dann sehr froh und dankbar waren, dass uns, in Ermangelung von Besserem, unsere gute Marmelade zur Verfügung stand. Darum konnten wir uns glücklich schätzen über unseren großen Vorrat.

Als Letztes wurden noch die Zwetschken reif, geerntet und zusätzlich noch zu Zwetschken-Mus verarbeitet. Dieses wurde dann in Steinkrügen, mit Zellophan-Papier verschlossen, aufbewahrt. Mir war Zwetschken-Mus lieber als jede Marmelade.

Eines Tages, als ich wie üblich am Nachmittag zu meiner Oma kam, sie mit einem Kuss begrüßte, war ich überrascht, dass ich sie alleine in der Küche antraf. Es kam äußerst selten vor, dass sie alleine war. Auch machte sie auf mich einen ziemlich verzweifelten Eindruck. Ich sah sie mit einem großen Schinken über einer Schale herumhantieren. Es war ihr sichtlich unangenehm, dass ich sie sozusagen in dieser peinlichen Situation überrascht hatte. Da ich nicht verstand, um was es hier ging, fragte ich sie: „Oma, was ist denn passiert?"

Meine Oma war ziemlich verlegen und wusste nicht so recht, wie sie es mir sagen sollte, ohne dass ich schockiert war. Dann aber sprudelte es mit weinerlicher Stimme aus ihr heraus: „Es sind Maden im Schinken! Den kostbaren Schinken kann ich unmöglich entsorgen! Das können wir uns doch nicht leisten! Darum bin ich gerade dabei, das kostbare Stück in Salzwasser zu legen, damit die Maden wieder rauskriechen."

Mit so etwas war ich bis zu diesem Zeitpunkt in meinem Leben noch nicht konfrontiert worden. Darum fand ich das Ganze auch furchtbar eklig. Aber meine Oma erklärte mir, obwohl sie den Schinken, in Leinen eingebunden als Schutz gegen die Fliegen, aufgehängt hatte, war es ihnen aber trotzdem gelungen, ihre Eier abzulegen. „Bitte, behalte es für dich! Denn wenn die Maden rausgekrochen sind und ich das Fleisch in der heißen Pfanne abrate, sind sämtliche Bakterien tot und man kann das Fleisch bedenkenlos essen. Stell dir doch bitte vor, wie viele Mahlzeiten ich von dem großen Schinken bereiten kann", sagte sie, noch immer erregt, zu mir.

Ich verstand sie ja, aber trotzdem grauste mir. Nur bei dem Gedanken an die Maden wurde mir schon sofort übel. Aber ich versprach meiner Oma, niemandem davon zu erzählen. Schließlich musste ich ja nicht von dem Schinken essen, wenn ich nicht wollte – dachte ich bei mir.

In der Rathausstraße hatte sich inzwischen auch eine Veränderung ergeben. Familie Hoffmann hatte zwei Häuser von uns entfernt, auf der gleichen Straßenseite, eine frei gewordene größere Wohnung erhalten. Welch ein Glücksfall für diese Familie, aus der Beengtheit von zwei Zimmern herauszukommen. Kaum, dass Familie Hoffmann ausgezogen war, wurde sofort wieder eine neue Familie einquartiert. Eine Frau Lang mit ihrem sechsjährigen Sohn Heinz. Für diese zwei Personen waren die beiden Räume vollkommen ausreichend.

Frau Lang war eine hübsche junge Frau, und ihr Sohn war ein ausgesprochen netter Junge, in dem mein Bruder einen fast gleichaltrigen, liebenswerten Spielkameraden fand. Frau Lang und ihr Sohn besaßen außer einigen wenigen Kleidern und ein paar persönlichen Dingen nichts. Darum versorgte meine Mutter sie für den Anfang zuerst einmal mit dem Allernotwendigsten. Für die Nächte, damit sie sich überhaupt zudecken konnten, Wolldecken, Kopfkissen sowie Bettwäsche und Handtücher. Ansonsten gab sie ihr noch zwei Kochtöpfe sowie einige Teile an Geschirr, das sie entbehren konnte.

Frau Lang war erst seit einigen Tagen in Ratzeburg, und sie hatte das große Glück, dass ihr relativ schnell eine Bleibe bei uns zugewiesen wurde. Viele Flüchtlinge mussten nämlich noch immer in Lagern, Ställen, Schulen oder sonst wo ausharren, bis ihnen eine fixe Bleibe zugewiesen wurde. Nachdem der Herbst schon begonnen hatte, strebte jeder nach einem Heim für den Winter, wo möglichst geheizt werden konnte. Außerdem bemühte sich meine Mutter noch, Frau Lang so viel wie möglich zu zeigen, wie man wo und was organisieren konnte. Am wichtigsten war, dass sie sich als Erstes um Brennmaterial kümmerte, damit sie mit ihrem Sohn über den Winter kam, ohne frieren zu müssen. Sie war meiner Mutter sehr dankbar für die vielen hilfreichen Tipps und befolgte ihren Rat.

Meine Großeltern hatten inzwischen alles, was noch an späteren Apfel- oder Birnensorten zu ernten war, eingelagert. Wir Kinder hatten fleißig mitgeholfen, indem wir bis in die Spitzen der Obstbäume geklettert waren, um auch die noch so schwer erreichbaren Äpfel oder Birnen vorsichtig mit der Hand zu pflücken, damit wir nicht allzu viel Fallobst hatten. Das heile, unbeschädigte Obst war nämlich sehr kostbar für uns. Es wurde sorgfältig verpackt und als Vitaminvorrat für den Winter gelagert. Vom Fallobst wurde noch gutes Apfelmus gekocht.

Es galt nicht nur ausnahmslos, die Familie mit Nahrungsmitteln zu versorgen, sondern auch die Hühner und Hasen wollten im Winter mit Futter versorgt werden. Da wir selber keine Abfälle mehr produzierten, weil wir alles, bis auf den letzten Krümel, selber aßen, musste zusätzliches Futter für die Tiere besorgt werden.

Der größte Anteil von den Hühnern und Hasen würde sowieso im Laufe des Winters verspeist werden. Aber einen Teil der Tiere musste uns für die Zucht fürs kommende Jahr erhalten bleiben, und diese hatten wir im Winter mit Futter zu versorgen. Für die Hasen pflückten Otto und ich an vielen Tagen immer wieder Unmengen an Gras, das zum Lagern zwecks Haltbarkeit getrocknet werden musste.

Für die Hühner hatte meine Oma Peter gebeten, ihr noch Körnerfutter von den Verwandten zu organisieren und es bei einer seiner Fahrten für sie mitzubringen. Die Hasen fraßen zusätzlich zum Heu auch Körner als Kraftfutter, um besser durch den Winter zu kommen.

Da keiner genau sagen konnte, wann der See von der ersten Eisdecke überzogen sein würde und wie früh wir von der anderen Seite dann total abgeschnitten wären, war es ganz wichtig, noch vorher alle überlebenswichtigen, zusätzlichen Nahrungsmittel von den Verwandten über den See zu transportieren. Aus diesem Grund legte Peter auch noch so oft er nur konnte Extratouren über den See ein. Er hatte auch für sich selber den Wunsch, noch jede mögliche Chance für seine Tauschgeschäfte mit meiner Oma wahrzunehmen.

Anfang November hatten wir dann auch schon das erste dünne Eis auf dem See. So gut es die damaligen Verhältnisse zuließen, hatte unsere Familie für den Winter bestmöglich vorgesorgt. Zu dieser Zeit war es ein ganz außergewöhnlicher Glücksfall, wenn einem dies gelang, den man nicht genug schätzen konnte. Es sollte nämlich einer der längsten – und kältesten Winter auf uns zukommen, in dem dann als Folge sehr viele Menschen vor Hunger und an Erfrierungen sterben sollten. Das war eine besonders harte Zeit, hauptsächlich für die Flüchtlinge und Ausgebombten, die alles verloren hatten.

Überraschenderweise geschah am 26. November 1945 ein Wunder, mit dem niemand gerechnet hatte. Die russische Grenze wurde hinter vier Dörfern zurückversetzt – Bäk, Mechow, Römnitz und Ziehten. Es war unfassbar für uns. Niemand hätte je in seinen kühnsten Träumen wirklich an dieses Wunder geglaubt. Aber es geschah!

Das erste Ziel, das meine Oma vor Augen hatte, war, ihren alten Eltern sogleich einen Besuch abzustatten. Meine Mutter, Otto und ich wollten unsere Oma diesen Weg bei dem Wetter auf keinen Fall alleine machen lassen und begleiteten sie deshalb. Tante Erna und Opa blieben mit meinem Bruder, der für diesen weiten Weg im Winter zu klein war, um uns zu begleiten, zu Hause.

Es wäre auch leichtsinnig gewesen, eine Wohnung zu lange alleine zu lassen, wegen eventueller Einbrüche. In diesen schlimmen Zeiten, in denen es nur ums nackte Überleben ging, musste man solch ein Risiko unbedingt vermeiden.

Der Weg in die Bäk war bei der Kälte und dem Wind sehr anstrengend. Wir waren zwar alle sehr warm angezogen, aber der Wind blies uns trotzdem durch und durch bis auf die Knochen, und dadurch kamen wir nur sehr langsam voran. Wir brauchten mehr als zwei Stunden für die drei Kilometer und waren froh, als wir endlich unser Ziel erreicht hatten, um uns in einer warmen Stube ein wenig aufwärmen zu können.

Die Überraschung unseres Kommens war gelungen. Die Freude meiner Urgroßeltern, uns zu sehen, war dementsprechend groß, und sie baten uns, geschwind hereinzukommen in die gemütliche warme Stube. Danach schlossen wir einander erst einmal richtig fest in die Arme um uns ausgiebig zu begrüßen, wobei sogar ein paar Freudentränen des Wiedersehens flossen. Was für eine Freude, die Urgroßeltern wiederzusehen. Es war ein schöner Anblick für uns, sie bei so guter Gesundheit zu sehen, immerhin waren Uroma 81 Jahre und Uropa 78 Jahre alt. Sie hatten die Monate der Trennung sehr gut überstanden. Zum Glück mussten sie in dieser Zeit weder hungern noch frieren, weil sie hauptsächlich Selbstversorger waren.

Zum Aufwärmen bekamen wir erst einmal eine Tasse heißen Malzkaffe mit Zucker und Milch. Dazu reichte Uroma uns eine Scheibe von ihrem guten Milchbrot, worüber ich mich besonders freute, weil ich es so gerne aß. Dann sagte sie noch zu uns: „Etwas später bereite ich euch noch eine Pfanne mit Rührerier und Speck, damit ihr etwas Deftiges im Magen habt, bevor ihr euch wieder auf den langen Rückweg nach Hause begebt."

Durch die längere Trennung hatten wir einander so viel zu erzählen, dass wir kaum bemerkten, wie rasend schnell die Zeit verlief – leider zu schnell. Aber wir mussten daran denken, dass wir uns noch vor der Dunkelheit auf den Heimweg machen mussten.

Der Abschied von ihnen fiel uns schwer. Aber es nützte alles nichts, wir mussten uns leider von den Urgroßeltern trennen. Zum Abschied hatte Uroma noch eine Überraschung für uns. Sie überreichte meiner Oma zwei geräucherte Speckseiten und einige Kilo Mehl. „Das Mehl ist für Weinachten gedacht, damit ihr euch davon einen Kuchen zu den Feiertagen backen könnt. Ihr könnt alles reinen Gewissens annehmen und braucht euch keine Sorgen um uns zu machen, wir haben für uns genügend vorgesorgt, und außerdem essen wir nur noch sehr wenig", meinte Uroma.

Natürlich hatte meine Oma auch ein Geschenk für sie mitgebracht. Zwei Stücke von ihrer kostbaren Seife und noch 2 Kilo braunen Zucker, den Uroma immer sehr gut gebrauchen konnte. Von der wohlduftenden Seife war sie sehr angetan, sodass sie immer und immer wieder daran roch und sagte: „So einen guten Duft habe ich schon lange nicht mehr gerochen. Das ist seit Langem mein schönstes Weihnachtsgeschenk. Wie kommst du nur zu solchen Kostbarkeiten?", fragte sie ihre Tochter. „Das ist eine lange Geschichte, die erzähle ich dir lieber ein anderes Mal", erwiderte meine Oma.

Endlich, nach vielen Küssen und festen Umarmungen, machten wir uns auf den langen, beschwerlichen Heimweg. Die Trennung von den Eltern, ausgerechnet vor dem Weihnachtsfest, fiel meiner Oma besonders schwer. Aber die Gewissheit, dass es den Eltern gesundheitlich gut ging und sie weder hungern noch frieren mussten, war zumindest ein kleiner Trost für sie. Auf alle Fälle waren wir jetzt beruhigt, nachdem wir uns von ihrer Verfassung persönlich überzeugt hatten. Das alleine schon war der beschwerliche Weg wert gewesen.

Es hatte schon begonnen, dunkel zu werden, als wir endlich ziemlich erschöpft wieder auf dem Domhof im Heim meiner Großeltern ankamen. Mein Bruder lief uns freudig entgegen, freute sich aber am meisten über die Rückkehr seiner Mutter, sprang ihr um den Hals und drückte sie so fest, dass ihr fast die Luft wegblieb. Sie nahm ihn spontan auf den Arm und drückte ihn ebenfalls ganz fest an sich, was ihm sichtlich guttat. Tante Erna und Opa waren ebenfalls froh, dass wir wieder daheim waren. Natürlich waren sie schon neugierig, was wir alles zu berichten hatten.

Beim Nachtmahl, das Tante Erna für uns bereitet hatte, erzählte meine Oma ausgiebig über die Verfassung ihrer Eltern, aber auch, dass ihr Vater nicht den besten Eindruck auf sie gemacht hätte. Er hatte bei ihr das ungute Gefühl hinterlassen, dass bei ihm etwas nicht stimmte, weil er sich anders benommen hatte, als sie es von ihm gewohnt war. Er hatte sich ganz einfach anders benommen. Er war sehr ruhig und rücksichtsvoll geworden, obwohl er doch sonst eher ein Poltergeist und laut war. Mit ihm stimmte was nicht, das spürte sie.

Es wäre für die Uroma undenkbar, alleine dort auf dem Lande weiterzuleben. Uropa übernahm immerhin noch alle Außenarbeiten, das Arbeiten im Garten, das Füttern der Hühner, das Hineintragen des Holzes und das Einheizen des Ofens. Wenn Uropa aus gesundheitlichen Gründen ausfiele, müsste meine Oma ihre Mutter auf alle Fälle zu sich nehmen. Wir sprachen noch längere Zeit über das Thema Urgroßeltern, bis wir uns wieder auf den Heimweg, in unsere Wohnung, machen sollten.

Gut gestärkt nach einer warmen Mahlzeit und einer heißen Tasse selbst gepflückten Lindenblütentees, gingen wir nach Hause, in unsere inzwischen ausgekühlte Wohnung. Meine Mutter beeilte sich darum so schnell als möglich, im Küchenherd ein Feuer zu entfachen, damit wir nicht allzu lange frieren mussten. Darum zogen wir unsere Mäntel auch erst aus, nachdem die Küche einigermaßen warm geworden war.

Unser Kinderzimmer lag unmittelbar neben der Küche, und wenn man die Zimmertür dorthin einige Zeit offenließ, wurde der Raum mit erwärmt. Weil wir nicht so viel Brennmaterial zur Verfügung hatten, um zwei Öfen zu beheizen, blieb das Schlafzimmer meiner Mutter natürlich ungeheizt und kalt, war außerdem auch vom Vorzimmer aus zu begehen und hätte gesondert beheizt werden müssen. Darum war sie zu uns ins vorgewärmte Kinderzimmer übergesiedelt, worüber mein Bruder und ich uns natürlich sehr freuten.

In unserem Zimmer schlief sie auf einem alten, unbequemen Sofa, aber dafür hatte sie es warm. Zum Einschlafen erzählte sie uns dann noch immer einige von unseren Lieblingsgeschichten, die wir besonders gerne hörten. Auf diese Gutenachtgeschichten von ihr freuten wir uns schon jeden Abend, und gingen darum gerne mit ihr gemeinsam schlafen. Dies war eine besonders schöne Zeit für meinen Bruder und mich mit unserer Mutter, an die ich noch heute sehr gerne zurückdenke.

Am kommenden Tag hatte ich eine seltsame Begegnung mit einer älteren Dame, die mich auf der Straße ansprach und zu mir sagte: „Ich habe gehört, dass deine Oma ein Paket aus Schweden bekommen hat, und würde dich bitten, dass du deine Oma fragst, ob sich auch Kaffee in dem Paket befand, und dass sie bitte, unter allen Umständen, an mich denken möge. Es soll ihr Schaden nicht sein, wenn du ihr das bitte, bitte ausrichtest. Ich bin die Frau Pütscher und deine Oma kennt mich."

Ich war ganz einfach baff, dass eine fremde Frau, die ich sehr wohl vom Sehen kannte, wusste, dass meine Oma ein Paket aus Schweden bekommen hatte. Wieso wusste die Frau mehr als ich?, fragte ich mich. Jetzt machte ich mich natürlich sofort auf den Weg zu meiner Oma und wollte wissen, ob das stimmt, was die Frau über ein Paket aus Schweden zu mir gesagt hatte.

Kaum, dass ich zur Tür hereingekommen war und gegrüßt hatte, fragte ich sie sofort: „Hast du wirklich ein Paket aus Schweden bekommen, Oma?" „Ja, das stimmt", antwortete sie. „Aber woher weiß die Frau Pütscher das und ich nicht?", fragte ich nach. „Das wird der Briefträger ausgeplaudert haben, weil ein Paket aus Schweden sicher nicht alltäglich ist", sagte sie. „Wer hat dir denn ein Paket aus Schweden geschickt?", wollte ich wissen. „Der Neffe von unserer Uroma ist mein Cousin, und er hat mir das Paket geschickt", sagte sie.

„Darf ich schauen, was in dem Paket alles drinnen ist?", fragte ich. „Natürlich, komm mit mir ins Wohnzimmer und ich zeige dir, was Alfred, so heißt der Cousin, uns geschickt hat", meinte Oma. Hocherfreut und neugierig ging ich mit ihr ins Wohnzimmer, um endlich meine Neugierde zu stillen. Ich kann mich nur noch an vier Dinge wirklich erinnern: Wasa Knäckebröd, Mjölk Choklad, Würfelzucker und natürlich an den Kaffee.

Meine Oma sagte sofort zu mir: „Von der Schokolade bekommt ihr alle drei nur eine kleine Kostprobe, und der Rest wird für Weihnachten aufbewahrt." Mir war alles recht, ich war auch mit einer Kostprobe sehr zufrieden.

Ich habe noch sehr gut in Erinnerung, dass mir das Knäckebrot absolut nicht schmeckte. Vielleicht deshalb, weil ich es in Ermangelung eines passenden Aufstrichs trocken zu essen bekam. Aber von dem Würfelzucker erbettelte ich mir hier und da einige Stücke von meiner Oma. Sie gab mir diese Würfel nicht sehr gerne, weil der reine weiße Zucker nicht gerade das Beste für die Zähne war. Aber mein Heißhunger auf Süßes war so groß, dass sie immer wieder Mitleid mit mir hatte.

Der Kaffee kam meiner Oma besonders gelegen, weil sie wieder ein begehrtes Tauschobjekt zur Verfügung hatte. Sicher hätte sie sich auch selbst gerne eine gute Tasse Kaffee gekocht, aber sie verschwendete keinen Gedanken daran, sich auch nur eine Tasse zu gönnen, aus Liebe zu uns. Der Kaffee landete bei Frau Pütscher, aber nicht die gesamte Menge auf einmal, welche meine Oma insgesamt bekommen hatte. Sie nahm auf den Weg zu ihr erst einmal nur ein Viertel Kilo mit, und den Rest behielt sie in Reserve. Meine Oma nahm mich als ihre Begleitung mit zur Frau Pütscher, um mir die Gelegenheit zu geben, zuzusehen, wie sie mit Kunden verhandelte.

Frau Pütscher war eine sehr nette und wohlhabende ältere Dame, die sicher noch viel bessere Beziehungen als meine Oma hatte. Aber trotzdem bedankte sie sich bei mir mit ein paar Bonbons, weil ich ihre Bitte wegen des Kaffees an meine Oma weitergegeben hatte. Ich war sehr erfreut über die Bonbons und bedankte mich sehr dafür. Mit der Zeit gefielen mir die Begleittouren mit meiner Oma immer besser. Ich war sehr aufmerksam und lernte sehr schnell, wie der Tauschhandel vonstattenging, und außerdem bekam ich auch noch des Öfteren Süßigkeiten von Omas Kunden. Das schon alleine war ein Grund für mich, meine Oma gerne auf ihre Geschäftstouren zu begleiten.

Ich erinnere mich nur noch, dass meine Oma für den Kaffee ausschließlich an Fett jeglicher Art interessiert war. Fett war zu der Zeit eine der größten Mangelwaren. War aber für den Aufbau des Körpers eines der wichtigsten Bausteine. Frau Pütscher war gerne bereit, ihre Fettrationen gegen unseren Kaffee einzutauschen. Außerdem war sie auch noch eine starke Raucherin und wollte in keiner Weise auf ihre Süchte verzichten. Sicher hatte sie außer meiner Oma noch andere Tauschhändler an der Hand und war außerdem immer bestens informiert, von wem sie was bekommen konnte. Beim Abschied sagte sie noch zu meiner Oma: „Frau Koop, falls Sie wieder Kaffee oder Zigaretten für mich haben, sind Sie bei mir jederzeit herzlich willkommen."

Auf dem Heimweg gingen wir gleich in das nächstbeste Lebensmittelgeschäft, um für die Marken von Frau Pütscher sofort die

Butter einzukaufen. Meine Oma war nämlich der Meinung, was man hat, das hat man, man konnte nie wissen, was morgen war.

Ich begleitete meine Oma noch nach Hause und machte mich danach direkt auf den Heimweg zu meiner Mutter. Schließlich wollte ich ihr die vielen Neuigkeiten, die ich erfahren hatte, erzählen.

Ein wenig außer Atem betrat ich die Küche, wo meine Mutter am Herd stand und kochte. Ich begrüßte sie nur kurz, weil ich ihr unbedingt meine Neuigkeiten so schnell wie möglich mitteilen wollte, von dem Paket aus Schweden, und dass Oma mich zu ihrem Tauschgeschäft zu Frau Pütscher mitgenommen hatte. „Sie ist eine sehr nette alte Frau, und ich habe sogar Bonbons von ihr bekommen und dir und Dieter davon einen mitgebracht", sagte ich stolz.

„Das ist sehr lieb von dir, aber meinen Bonbon kannst du lieber dem Heinz geben, der freut sich sicher sehr, wenn er auch einmal etwas zum Naschen bekommt", sagte sie. „Ich habe es aber extra für dich aufbewahrt und will ihn nicht dem Heinz geben", meinte ich. „Er und seine Mutter sind hier alleine unter lauter fremden Menschen, und es tut ihm sicher gut, wenn du ihm diese Freude machst. Mir kannst du ein anderes Mal etwas schenken", erwiderte sie.

Widerwillig gab ich dem Heinz den Bonbon. Er war sehr überrascht über das Geschenk, freute sich aber ungemein und bedankte sich herzlich. Er hatte sicher schon längere Zeit keine Süßigkeiten genascht. Seine Mutter und er gehörten auch zu denen, die nicht das große Glück hatten wie wir, von unserer Oma zusätzlich mit Lebensmitteln versorgt zu werden. Sie waren ausschließlich von ihren Lebensmittelkarten abhängig. Aber hier und da gab meine Mutter Frau Lang aus ihrem Vorrat im Keller ein paar Kartoffeln oder auch eine gelbe Stechrübe. Es war zwar nett von meiner Mutter, aber nur ein Tropfen auf dem heißen Stein.

In weiterer Folge hatte Frau Lang einen anderen Weg für die Versorgung ihres Sohnes und sich eingeschlagen. Sie hatte sich einen Kavalier von den Besatzungssoldaten zugelegt, wie es eben auch einige andere zum Überleben in ihrer Not taten. Seit sie diesen Freund hatte, ging es ihnen sehr gut und ihre Not war gelindert.

Frau Lang bekam nicht nur Lebensmittel, sondern auch andere Dinge, um die sie sicher beneidet wurde, nämlich Nylonstrümpfe. Etwas, was man bis dahin bei uns noch nicht kannte, aber sehr begehrt war. Diese Strümpfe waren hauchdünn mit einer Naht hinten am Bein, was sehr gut aussah. Natürlich konnte man sie wie alles – im Schwarzhandel sehr teuer erhalten.

Alleine schon das Wort Nylon klang für uns wie ein Fremdwort aus einer anderen Welt. Etwas, das aber von den Frauen sehr begehrt war. Hauchdünne Strümpfe aus einer Kunststofffaser mit einer Naht hinten, von der Ferse bis ans Ende des Strumpfes verlaufend. Sie machten schöne Beine und die wollte jede Frau gerne haben. Meine Mutter trug noch die althergebrachten Seidenstrümpfe, die schon an den Fersen und Spitzen mehr gestopfte als noch ursprüngliche Substanz besaßen. Aber die Sorgen ums tägliche Leben ließen uns den Luxus von Nylonstrümpfen sowieso schnell vergessen.

Ich hatte auch schon seit einiger Zeit wieder provisorischen Schulunterricht. Einmal in der Woche trafen wir Schüler uns in einem Gebäude mit einer Lehrerin, die uns aus Büchern Aufgaben für eine ganze Woche gab. Wir tauschten bei dem Treffen nur die Hefte aus. Sie gab uns nur die benoteten und verbesserten Hefte und nahm die noch nicht verbesserten entgegen. Es war faktisch nichts anderes als ein Austausch von Heften mit neuen Hausaufgaben. Diesen geringfügigen Unterricht erhielten wir deshalb, um nicht total aus der Übung zu kommen und vom Gelernten nicht alles wieder zu vergessen.

Einmal, als ich von einem dieser Unterrichtsstunden zu Mittag nach Hause kam, kam mir im Stiegenhaus ein ekelhafter Geruch entgegen. Irgendwoher kannte ich diesen Geruch und er erinnerte mich ganz stark an Lebertran. Nur der Gedanke an Lebertran rief in mir eine gewisse Übelkeit hervor. Ich hoffte nur, dass dieser Geruch nicht aus der Küche meiner Mutter kam. Aber das war ein Irrglaube. Als ich die Küchentür öffnete, sah ich meine Mutter mit einer Pfanne am Herd stehen und etwas, was ich nicht erkennen konnte, braten, und ich fragte sie: „Ist das Lebertran, womit du brätst, Mutti?" Sie antwortete: „Ja!"

Die Idee, mit Lebertran zu braten, hatte sie von einer Nachbarin bekommen. Weil das Fett unsere größte Mangelware war, wurde eben alles genutzt. Den Lebertran hatte meine Mutter in der Apotheke erhalten und war der Meinung, dass sie für uns etwas Gutes tat. Sicher hätte er mir auch gutgetan, aber ich hatte generell ein Problem, ihn zu schlucken.

Aber meine Mutter war der Meinung, ich sollte nicht voreingenommen sein und doch zumindest erst einmal von dem Essen probieren. Ich ließ mich von ihr überreden und setzte mich an den Tisch, um von der ekelerregenden Speise zu kosten. Der Tipp der Nachbarin war, Steckrüben in ganz dünne Scheiben zu schneiden, um sie dann als Pfannkuchen in Lebertran zu braten. Von diesem schrecklichen Essen gab mir meine Mutter eine kleine Kostprobe auf einen Teller und reichte mir dazu den braunen Zucker zum Drüberstreuen, womit ich mir das ekelhafte Zeug versüßen sollte.

Den weiteren Verlauf kann ich kaum wirklichkeitsgetreu erzählen. Der gute Wille, zu kosten, war ja da, aber kaum, dass ich den ersten Bissen im Mund hatte, kam er auch wieder retour. Beide Hände vor den Mund haltend, stürzte ich zum Abfalleimer, um mich zu übergeben. Danach wusch ich mir nur noch schnell den Mund ab und lief heulend mit den Worten: „Ich gehe zu meiner Oma!" davon.

Bei meiner Oma ließ ich mich über das schreckliche Erlebnis mit den im Lebertran gebratenen Rüben aus. Wie meistens hatte sie zum Glück Verständnis für mich, und ich bekam bei ihr eine gute Bohnensuppe, die mich voll entschädigte. „So eine wunderbare Oma zu haben, ist schon etwas Herrliches", dachte ich. Zu meiner großen Freude kochte meine Mutter nie wieder mit Lebertran. Den Rest, den sie noch besaß, schenkte sie der Nachbarin, von der sie den Ratschlag bekommen hatte. Damit war das Abenteuer Lebertran für immer vom Tisch.

Der Winter, der als sehr streng vorausgesagt wurde, war schlimmer, als man sich vorstellen konnte. Das Eis auf dem Ratzeburger See wurde so dick, dass sogar Autos über ihn in die Bäk fahren konnten. Wir kürzten uns unseren Weg ebenso ab, wenn einer von uns nach den Urgroßeltern schaute, und gingen auch direkt über den See. Wenn ich mich recht erinnere, hatten wir zeitweise mehr als -30 Grad.

Besonders hart traf es meine Oma, meine Tante und meine Mutter, die noch immer die Wäsche von den Engländern, die Otto nach wie vor nach Hause brachte, wuschen. Das viele Wasser zum Waschen musste von der Pumpe ins Haus hereingetragen werden. Das Wasser trugen Otto und mein Opa herein. Danach musste es auf dem Herd zum Waschen erst einmal erhitzt werden. Das Spülen der Wäsche anschließend in Trögen im kalten Wasser war für die Hände kaum zu ertragen und eine wirkliche Zumutung. Meine Oma, als die Älteste der Frauen, übernahm das Waschen der Wäsche im warmen Wasser, Tante Erna und meine Mutter das Spülen im kalten Wasser. Nach dieser Prozedur hatten sie tagelang Schmerzen in den Fingern und Handgelenken.

Aber solange wir von den Zigaretten und der Seife abhängig waren, die uns unseren Lebensstandard um einiges verbessern halfen, nahmen Oma, Tante Erna und meine Mutter diese Belastung auf sich.

Ganz stolz zeigte mir meine Oma einmal ihre Schätze in ihrem Kleiderschrank. Schon beim Öffnen der Schranktür kam mir ein unbeschreiblich angenehmer Duft entgegen. In einem kleinen Karton hatte sie die gesammelten Seifenstücke schön nebeneinander geschlichtet. Sie sahen aus wie große Edelsteine in den vielen verschiedenen bunten Farben, wie sie da nebeneinander in der Schachtel lagen. Was für Schätze das einmal waren, kann sich heute kein Mensch mehr vorstellen, und dass man Seife für Brot eintauschen konnte.

Weihnachten stand vor der Tür, und eine Aussicht auf einen Weihnachtsbaum bestand kaum. Die Menschen, die froren, holzten sowieso immer wieder heimlich Holz und jetzt natürlich auch junge Tannenbäume ab. Sie durften sich nur nicht dabei erwischen lassen.

Wir, mein Opa, Otto und ich, gingen immer wieder in den Wald, um zusätzlich zu unserem Holzvorrat noch Gestrüpp und Kleinholz zu sammeln. Die Winterstürme sorgten Gott sei Dank immer wieder für Nachschub in dem sonst so unglaublich leer gesammelten Wald, da die vielen Massen an Menschen, die froren, auch den noch so kleinsten Zweig aufsammelten.

Manchmal hatten wir sogar das Glück, dass ein größerer Ast heruntergefallen war, den mein Opa mit seiner mitgenommenen Axt zerkleinerte. Meistens gelang es uns, unseren Handwagen mit Kleinholz aufzufüllen. Danach machten wir drei uns sehr zufrieden wieder auf den Heimweg. Unterwegs genossen Otto und ich als Ablenkung von dem faden langen Heimweg die Geschichten, die unser Opa uns von schlimmen Zeiten aus seiner eigenen Jugend erzählte. Hiervon konnten wir nicht genug hören und bedauerten es fast, wenn wir unser Zuhause gar zu schnell erreichten.

Wenn wir nach so einer Tour durchgefroren in unserem warmen Zuhause wieder ankamen, wurden wir mit einem Teller heißer

Suppe und als Nachspeise noch mit einem Bratapfel verwöhnt. Nach diesem Genuss hatte ich schnell alle Strapazen wieder vergessen und fühlte mich rundum wohl und geborgen.

Der Winter zeigte sich unbarmherzig von seiner schlimmsten Seite. Aber trotz des schlechten Wetters wollte meine Oma unbedingt noch vor Weihnachten zu ihren Eltern, um der Uroma einige Kostproben aus dem schwedischen Paket, ihrer alten Heimat, zu bringen. Außerdem wollte sie den Zustand ihres Vaters überprüfen, ob er noch imstande war, bei der Kälte genügend zu heizen, weil er doch das Holz von draußen hereintragen musste. Das Holz befand sich nämlich auf einer aufgetürmten Miete vor dem Haus, und von dort musste er es in die Wohnung tragen. Oma wollte unbedingt wissen, ob er dazu noch kräftemäßig imstande war.

An einem Tag, an dem es nicht zu sehr stürmte, machten sich meine Oma, meine Mutter, Otto und ich endlich auf den Weg zu ihnen. Wir nahmen auch den kürzeren Weg, direkt übers Eis. Auf dem Eis zu gehen, war gar nicht so leicht, weil es durch den starken Wind teilweise glattpoliert war, und darum mussten wir sehr vorsichtig gehen, um nicht auszurutschen. Aus diesem Grund waren wir schon zeitig am Vormittag losgegangen, um vor der zu dieser Jahreszeit sehr früh beginnenden Dunkelheit noch rechtzeitig den Weg übers Eis wieder zurückgehen zu können. Bei dem Wetter war der Weg zu den Urgroßeltern mehr als beschwerlich.

Aber die Freude der beiden war so unbeschreiblich groß, als wir überraschend bei ihnen auftauchten, dass wir alle Strapazen vergaßen. Es gab ihnen auch das Gefühl, von der Familie nicht vergessen worden zu sein. Sie hatten nämlich nur eine Möglichkeit, zu uns Kontakt aufzunehmen, und die war im Notfall über Omas Nichte „Emma", die im Nachbarhaus wohnte und uns jederzeit eine Nachricht hätte zukommen lassen, falls es nötig gewesen wäre.

Aber die größte Überraschung waren trotzdem für sie die Geschenke aus dem Paket aus Schweden. Meine Uroma konnte ihr Glück kaum fassen, dass sie knapp vor Weihnachten ein Geschenk aus ihrer Heimat von ihrem Neffen Alfred erhielt. Sie weinte vor Rührung. Dann übergab meine Oma ihr noch einen Brief von Alfred, der im Paket beigelegt war. Wir waren schon alle neugierig, was Alfred uns in dem Brief geschrieben hatte. Da nur unsere Uroma die schwedische Sprache beherrschte, bat meine Oma sie, ihn für uns zu übersetzen.

Sie konnte vor lauter Rührung und mit den Tränen kämpfend, kaum reden. Wir waren ebenfalls gerührt und saßen da mit feuchten Augen, während wir andächtig ihren Worten lauschten. Es war für uns alle ein unvergesslicher Augenblick. Unsere Uroma war so beglückt, einen Brief aus Schweden in ihren Händen halten zu dürfen und in der Sprache ihrer Kindheit lesen zu können. Wahrscheinlich bleibt so ziemlich bei fast allen Menschen für immer eine verklärte, restliche Erinnerung aus den Kindertagen bestehen. So war es mit Sicherheit auch bei unserer Uroma.

Bevor wir unseren Rückmarsch antraten, kochten die drei Frauen noch gemeinsam schnell einen Topf voll Kohlsuppe mit einem großen Stück Räucherfleisch drinnen. Weil meine Uroma von unserem Besuch überrascht worden war, hatte sie keine Vorbereitungen für ein Mittagessen für uns getroffen. Aber gemeinsam hatten sie es geschafft, schnell ein wunderbares Essen auf den Tisch zu bringen. Die Stärkung des deftigen Essens hatten wir bitter nötig für den anstrengenden Rückweg, den wir noch vor uns hatten.

Die Zeit des Abschiednehmens nahte wie immer viel zu schnell, und die Trennung von den Urgroßeltern sollte uns wie immer schwerfallen, und natürlich besonders jetzt, da doch Weihnachten vor der Tür stand. Mit Tränen in den Augen und festen Umarmungen trennten wir uns endlich von ihnen.

Bevor wir endgültig gingen, schauten wir noch schnell auf einen kurzen Sprung bei Emma vorbei, um auch ihr und ihrer Familie „Frohe Weihnachten" zu wünschen. Paul, ihr Gatte, war nach wie vor noch im Lübecker Krankenhaus. Inzwischen hatte er eine Beinprothese bekommen, mit der er erst noch gehen lernen musste. Emma nahm an, dass Paul sicher nicht vor dem kommenden Jahr nach Hause konnte. Es ging in erster Linie auch um den Transport, der ohne ein fahrtaugliches Fahrzeug bei den Winterverhältnissen unmöglich war.

Da sich gerade jetzt die Gelegenheit dazu bot, konnte sich meine Oma auch bei Emma noch persönlich bedanken, weil sie immer so lieb nach ihren Eltern schaute, ob bei ihnen alles in Ordnung war. Sie übergab Emma noch ein kleines Geschenk – ein Pfund Zucker als Dankeschön für ihre Fürsorge. Nach dem kurzen Abstecher bei Emma war es auch schon an der Zeit, dass wir uns auf den Heimweg machten, wenn wir noch vor Beginn des Dunkelwerdens den kürzeren Weg über den See erreichen wollten. Leider kamen wir bei dem Schnee und dem Wind nicht so schnell voran, wie wir gerne gewollt hätten. Das Stapfen durch den Schnee war nämlich recht mühselig, und unsere Oma tat sich schon ein wenig schwer beim Gehen. Schließlich war sie doch um einiges älter als wir.

Es war eine gespenstige Atmosphäre, die uns umgab. Um uns herum war alles Grau in Grau, und der Himmel hing tief, zum Greifen nah über uns. Es hatte auch schon leicht zu dämmern begonnen, als wir den See endlich erreichten. Für die Überquerung auf dem Eis lag auf alle Fälle noch ein anstrengender Marsch von mehr als einer guten Stunde vor uns. Aber dieses Mal hatten wir keinen Rückenwind, sondern er blies von vorn und erschwerte uns das Gehen erheblich, sodass wir dadurch nicht mehr so trittsicher waren. Meine Mutter und Otto hatten unsere Oma deshalb zur Sicherheit zwischen sich genommen, und ich ging im Windschatten hinter ihnen her.

Wie froh wir waren, als wir völlig durchgefroren zu Hause ankamen, kann wohl jeder nachvollziehen, der schon einmal in einer ähnlichen Situation war. Unser Schuhzeug, das wir bei dem Marsch trugen, war auch nicht gerade mehr im besten Zustand, und darum waren unsere armen Füße völlig unterkühlt. Ich habe mich sofort in Omas Wohnzimmer hinter den Kachelofen verkrochen, um mich wieder aufzuwärmen. Meine liebe Tante versorgte uns mit einer Tasse heißen Lindenblütentees mit Würfelzucker aus Schweden und einer dicken Scheibe Schmalzbrot. Nach diesem Genuss kehrten unsere Lebensgeister schön langsam wieder zurück.

Dieser schreckliche Marsch zu den Urgroßeltern, nur zwei Tage vor Weihnachten, war meiner Oma ein unbedingtes Bedürfnis gewesen, damit sich ihre Eltern nicht vergessen oder im Stich gelassen fühlten.

An einen Weihnachtsbaum war wohl in diesem Jahr nicht zu denken. Ich nehme an, dass es den meisten Familien in dieser schweren Zeit nicht anders ging als uns. In meiner Erinnerung die ersten und einzigen Weihnachten ohne Baum. In diesem Jahr blieb der Christbaumschmuck in seinem Karton.

Einen Tag vor Weihnachten schickte meine Oma mich noch einmal zu der Verkäuferin aus dem Lebensmittelgeschäft, sprich „Tante Emma Laden", um Zigaretten gegen Butter einzutauschen. Die Butter benötigte sie noch für einen Kuchen, den sie für uns zu den Feiertagen backen wollte. Für Kekse wollte sie das kostbare Material nicht verschwenden, weil sie nichts ausgaben. Darum buk sie einen Blechkuchen, der um einiges ausgiebiger war und wahrscheinlich für die Feiertage ausreichen würde.

Trotz Armseligkeit und ohne Christbaum freute ich mich schon auf den Heiligen Abend, der selbstverständlich bei meiner Oma gefeiert wurde. Als Kind empfand ich die Armut, die momentan fast alle Menschen um mich herum betraf, anders, sie interessierte mich in keiner Weise und hatte für mich auch keinen Stellenwert. Aber den bunt geschmückten Tannenbaum aus den vorhergehenden Jahren mit seinen brennenden Kerzen und üblichen Naschereien vermisste ich schon ein wenig. Besonders die Windringe, die Fondantringe, die Schokoladenkringel und das gute Marzipan, welches ich so sehr liebte.

Diese Weihnachten waren eben anders als die üblichen. Wir Kinder waren auch nicht wie sonst in die Kirche gegangen. Man spürte in allem und überall eine getrübte Stimmung. Aber die Frauen in den Familien waren die absoluten Helden. Sie hatten in den schweren Zeiten sehr viele Opfer für das Überleben ihrer Familien gebracht und ihr Letztes gegeben, was nicht hoch genug geschätzt werden konnte.

Um uns unseren Heiligen Abend so schön wie möglich zu gestalten, waren es auch die Frauen in meiner Familie, die dafür sorgten. Ich habe sogar Geschenke erhalten. Dicke schafwollene Handschuhe und Socken von meiner Oma, natürlich handgestrickt, und von meiner Mutter einen schönen handgestrickten Pullover. Um mir diesen zu stricken, hatte sie zuvor, weil es keine Wolle zu kaufen gab, einen anderen alten Pullover aufgetrennt, damit sie mit dieser Wolle für mich einen neuen stricken konnte.

In dieser Zeit gab es fast ausschließlich nur nützliche Dinge. Aber als absoluten Höhepunkt bekamen wir noch die gute Schokolade aus Schweden, dank unseres großzügigen Verwandten von dort.

Ein Radio, aus dem man Weihnachtslieder hätte hören können, besaß zu dieser Zeit fast niemand. Also gestalteten wir uns unsere feierliche Stimmung selber. Trotz der widrigen Verhältnisse und Umstände legten wir Wert auf Äußerlichkeiten und zogen am Heiligen Abend unsere Sonntagskleider an.

Meine Oma hatte den Tisch im Wohnzimmer besonders schön für die Familie gedeckt. Sie hatte noch Windlichter aus der Kriegszeit, von denen sie einige auf den Tisch und einige ins Fenster gestellt hatte. Die im Fenster sollten zum Gedenken an alle unsere lieben Verstorbenen und Gefallenen brennen.

Unsere Oma servierte uns ein absolutes Luxusessen. Es gab Grünkohl aus dem eigenen Garten mit Räucherfleisch und Kartoffeln, und als Nachspeise bekamen wir einen Bratapfel. Als krönenden Abschluss bekam noch jeder seinen Anteil von der schwedischen Schokolade.

Nach dem Essen haben wir gemeinsam den Tisch abgeräumt. Anschließend hat Tante Erna das Geschirr abgewaschen, meine Mutter und ich haben es abgetrocknet, und Oma hat es in die Küchenkredenz wieder eingeräumt.

Das Abwaschen war damals noch eine Prozedur, die wir unserer Oma nicht alleine überlassen wollten und darum auch alle mithalfen. Zuerst musste man das Wasser auf dem Küchenherd erhitzen und dann in zwei verschiedene Abwaschschalen gießen – eine zum Abwaschen und die andere zum Spülen des Geschirrs. Das viele Wasser dafür musste außerdem noch von der Pumpe draußen hereingetragen werden. Zu der Zeit hatten meine Großeltern nämlich noch kein fließendes Wasser in der Wohnung.

Nach getaner Arbeit erklärte sich mein Opa bereit, mit uns Kindern Spiele zu spielen. Es waren die damals üblichen ‚Mensch ärgere dich nicht', ‚Fang den Hut' oder ‚Dame und Mühle'. Wir haben auch fest gestritten beim Spielen, weil keiner von uns gerne der Verlierer war. Aber mein Großvater war die Ruhe in Person und konnte unsere kleinen Streitereien schnell wieder schlichten. Wobei er meinen viel jüngeren Bruder auch manchmal ein wenig in Schutz nahm, weil er sich gegen Otto und mich nicht genügend zur Wehr setzen konnte, wenn wir versuchten, ihn zu übervorteilen.

Während wir spielten, haben Oma, Mutter und Tante für uns noch Strümpfe gestopft. Es mag sicher komisch klingen, aber sie kamen kaum nach mit dem Stopfen der Strümpfe. Es war unglaublich, wie viele Löcher in einem Strumpf Platz hatten. Aber wir waren bei der Kälte und dem schlechten alten Schuhzeug von den dicken warmen Strümpfen abhängig, um unsere Füße einigermaßen warm zu halten.

Meistens wurden die Strümpfe am Abend gestopft, weil untertags die Zeit dazu fehlte. Zu kaufen gab es leider keine, und darum war meine Oma ständig in jeder freien Minute zwischendurch am Sockenstricken. Die Schafwolle dafür bekam sie von ihrer Mutter, die die Wolle im Rohzustand geschenkt bekam und noch selber spann.

Aber trotz aller Widrigkeiten war der Abend sehr schön für uns. Die Hauptsache war doch, dass wir gesund waren und gemeinsam in einem warmen Raum den Abend gemütlich miteinander verbringen konnten, was nicht selbstverständlich war.

Circa um 21 Uhr brachen wir auf, um nach Hause zu gehen. Meine Mutter wollte nicht allzu spät heimkommen, in der Hoffnung, dass sich im Küchenherd noch ein wenig Glut befand, damit sie nicht wieder neu einheizen musste und die Küche auch nicht total ausgekühlt war. Sie hatte noch vor dem Fortgehen Briketts in den Herd gelegt und ihn gedrosselt, damit das Feuer länger anhalten würde.

Als wir das Stiegenhaus betraten, sahen wir, dass bei Frau Lang noch Licht brannte, und Stimmen waren zu hören. „Ich nehme an, Frau Lang hat noch Besuch", sagte meine Mutter nicht sehr erfreut. Aber den wahren Grund dafür verschwieg sie mir natürlich zu diesem Zeitpunkt. Den habe ich erst viel später erfahren. Aber sicherheitshalber sperrte meine Mutter unsere Tür von innen ab und ließ den Schlüssel auch von innen stecken.

In der Küche war es noch einigermaßen warm, die Briketts hatten zum Glück angehalten, und meine Mutter musste nur nachlegen, um die Glut wieder zu entfachen. Allzu lange dauerte es nicht, bis das Feuer wieder brannte und wir unsere Zimmertür öffnen konnten, um den Raum ein wenig zu erwärmen, und mein Bruder und ich freuten uns schon aufs Zubettgehen mit unserer Mutter, die uns sicher wieder Geschichten erzählen würde.

Auch am ersten Weihnachtsfeiertag waren wir wieder bei unserer Oma zum Essen eingeladen. Zu Mittag gab es einen Hasenbraten mit Gemüse und Kartoffeln, und als Nachspeise bekamen wir wieder einen guten Bratapfel mit etwas Zimt und Zucker. Danach war ich satt und rundum zufrieden. Ein wahrhaftiger Festschmaus, der uns da in dieser Zeit beschieden wurde. Ich gehörte in meinem Alter leider auch noch zu denen, die es absolut nicht zu schätzen wussten, wie gut es uns eigentlich ging.

Mich hielt es nie lange im Haus. Wir hatten den schönsten Eislaufplatz gleich hinter dem Haus, und da fanden sich nach dem Mittagessen die meisten Kinder zum Schlittschuhlaufen ein. Es waren auch viele Flüchtlingskinder aus den Nachbarwohnungen dabei, die mit uns um die Wette liefen.

Wir hatten noch die althergebrachten Schlittschuhe, die man auch Schraubendampfer nannte. Diese Schlittschuhe wurden noch ans Schuhzeug angeschraubt und mit Riemen über den Fußrücken festgeschnallt. Diese Monster waren meistens der Tod unserer Schuhe, welche leider auch eine Mangelware waren. Meine Mutter war darum auch nicht sehr erfreut, wenn ich mit dem einzigen Paar Schuhe, das mir noch passte, Schlittschuh lief. Schließlich musste ich mit diesen Schuhen noch über den Winter kommen, der im Dezember noch lange nicht vorüber war, und bis zum nächsten Frühjahr dauerte es noch einige Monate.

Das Interessante am Schlittschuhlaufen auf dem See war, dass man nun, entlang des Sees, in alle Gärten von der Uferseite her Einsicht hatte, die sonst von oben durch Mauern und Zäune vor uns verborgen blieben. Neugierig, wie wir nun einmal als Kinder waren, nutzten wir die einmalige Gelegenheit, um diesen noch unentdeckten Teil unserer Umgebung zu erforschen.

Schon auf dem Nachbargrundstück wurden wir fündig. Direkt am Ufer befand sich ein reizender kleiner Pavillon, den wir sofort als unseren neuen Versammlungsort einnahmen. Hier waren wir ungestört und konnten in Ruhe über unsere weiteren Eroberungsaktivitäten beratschlagen. Einmal hatten wir die glorreiche Idee, einen Wettlauf über den See zu veranstalten. In unserer Clique waren wir meistens so um die zehn, fast gleichaltrige jugendliche Buben und Mädchen gemischt, die ständig untereinander wetteiferten.

Unser großer Wettlauf stand unter keinem guten Stern. Aber der Start war grandios. Wir hatten nämlich Rückenwind und wurden faktisch ohne die kleinste Anstrengung übers Eis getrieben. Es gab mir einfach ein berauschendes Gefühl, als ob ich mit Leichtigkeit wie ein Vogel über den See dahinflog. Wir kamen alle so ziemlich gleichzeitig drüben an. Aber der Erste war natürlich ein Bub, was uns aber völlig egal war bei dem Vergnügen, welches wir bei dem Wettlauf hatten.

Wir erwarteten natürlich das gleiche Vergnügen beim Rücklauf, was aber kein Vergnügen werden sollte. Wir hatten nämlich jetzt nicht die Hilfe des Rückenwindes, sondern die große Bremse von vorne. Der Wind war so heftig, dass wir mehr zurückgeblasen wurden als vorankamen. Also nahmen wir alle eine stark gebückte Haltung ein, um die Angriffsfläche zu verringern. Leider nützte dies nicht viel und wir waren gezwungen, uns unsere Schlittschuhe abzuschnallen und zu Fuß weiterzugehen. Für den Rückweg brauchten wir fast zwei Stunden.

Trotz dieser bösen Erfahrung beschlossen wir bei unserer nächsten Versammlung in unserem Pavillon, zu unserer Abwechslung ein Schlitten-Segeln zu unternehmen. Die meisten von uns besaßen noch einen alten Schlitten, den man nur segeltauglich herrichten musste. Hierzu benötigten wir ein wenig Fantasie und etwas Erfindergeist – und den hatte Otto. Er nahm einen alten Besenstiel, befestigte ihn vorne am Schlitten mit Schnüren, und als Segel fand er einen Kohlensack auf dem Dachboden. Diesen stülpte er über den Stiel und band ihn ebenfalls fest, und am unteren Zipfel des Sacks zog er eine Schnur durch, die er in der Hand halten musste, damit das Segel eine gewisse Spannung erhielt. Er musste darum auch vorne sitzen, und ich setzte mich hinter ihn. Und damit wir mehr Schwung draufbekamen, hatte er mir zusätzlich noch zwei Stecken mit Nägeln an der Spitze in die Hand gedrückt, mit denen ich dann fest abstoßen sollte.

Die anderen Freunde hatten ähnliche Gefährte zusammengebastelt und segelten ebenfalls zu zweit auf einem Schlitten. Im Ganzen waren es sechs Schlitten. Unglaublich, wie gut das Segeln mit diesen primitiven Fahrzeugen funktionierte. Wir hatten unsere helle Freude an dieser Tour. Dieses Mal nahmen wir nicht den kurzen, geraden Weg über den See, sondern, weil das Segeln so viel Spaß bereitete, den langen Weg in die andere Richtung. Nur dieser Spaß sollte unangenehme Folgen haben.

Wir hatten ganz einfach ein zweites Mal den gleichen Fehler gemacht. Darum war der Weg nach Hause jetzt doppelt so lang. Der Wind pfiff uns heftig um die Ohren, und wir zogen den Kopf ein so gut es ging, um unser Gesicht zu schützen. Aber trotzdem gab es keine Chance mehr, aufrecht zu gehen. Wir waren gezwungen, die meiste Zeit auf allen vieren langsam übers Eis zu kriechen. Zu allem Übel fing es auch schon an, langsam dunkel zu werden, und wir sollten unser Zuhause auf keinen Fall mehr vor der Dunkelheit erreichen.

Endlich, in der Dunkelheit, total unterkühlt und frierend, ließen wir uns daheim wieder blicken. Natürlich waren alle froh, uns gesund wiederzusehen nach den Sorgen, die man sich schon um uns gemacht hatte. Aber trotzdem bekamen wir einiges zu hören und mussten eine längere Standpauke über uns ergehen lassen.

Kleinlaut und dankbar, dass wir nicht zusätzlich noch eine Ohrfeige bekommen hatten, setzten Otto und ich uns an den warmen Kachelofen, um unsere unterkühlten Körper ein wenig aufzuwärmen. Das war ein Wohlgefühl. Zusätzlich bekamen wir dann einen heißen Tee und dazu noch zwei große Schmalzbrote. Nach diesem Imbiss wurden unsere Lebensgeister schnell wieder geweckt, und schon hatten wir alles vergessen.

Die Weihnachtsfeiertage waren schnell vergangen und das Ende des Jahres 1945 rückte näher. Ich kann mich auch nicht erinnern, dass es gefeiert wurde. Der Jahreswechsel ist an mir völlig ohne Erinnerung vorübergegangen. Ich erinnere mich nur, dass das neue Jahr 1946 das schlimmste in meinem Leben werden sollte.

1946

Am 28. Januar hatte ich meinen zehnten Geburtstag, an den ich mich sehr gut erinnern kann. Meine Mutter hatte das Kunststück zustande gebracht, mir für diesen Tag einen Hefekuchen zu backen, der sogar noch mit Marmelade gefüllt war. Eine besondere Freude bereitete sie mir zusätzlich, da ich meine Freundin Ilse am Nachmittag zur Jause einladen durfte.

Meine Freundin hatte noch vier Geschwister und gehörte darum zu den kinderreichen Familien, die immer zu wenig zum Essen hatten. Drum war die Einladung bei mir für sie ein Glücksfall, und sie war sehr dankbar, dass sie eingeladen wurde. Sie hatte mit Sicherheit schon seit längerer Zeit keinen Kuchen mehr gegessen.

Meine Oma und Otto kamen alleine zu meiner Geburtstagsfeier, weil mein Opa auf keinen Fall Haus und Garten unbewacht lassen wollte. Meine Oma überraschte mich mit den aus braunem Zucker gerösteten Bonbons als Geschenk, mit denen sie mir als Naschkatze eine ganz besondere Freude bereitete. Frau Lang und ihren Sohn Heinz hatte meine Mutter auch eingeladen, um ihnen einmal eine kleine Abwechslung zu bieten.

Zum Trinken gab es Tee oder selbst gemachten Saft mit Wasser verdünnt, und dazu ließen wir uns den wunderbaren Kuchen schmecken. Meiner Freundin sah man an, welchen Genuss der

Kuchen ihr bereitete. Wir hatten noch das unverschämte Glück, dass der Kuchen noch für ein zweites Stück, für jeden von uns, ausreichte. Es blieb sogar noch ein kleines Reststückchen übrig, das meine Mutter für den kommenden Tag für uns aufbewahrte. Und als Abschluss bot ich allen noch einen von Omas Karamellbonbons an.

Nach dem wunderbaren Genuss der Jause spielten wir Kinder verschiedene Spiele – wie ‚Schwarzer Peter', ‚Domino' oder ‚Mensch ärgere dich nicht'. Oma, Frau Lang und meine Mutter unterhielten sich inzwischen wie immer über das gleiche Thema, die Alltagssorgen und den Kampf ums Überleben in dieser leidgeprüften Zeit. Das bekamen wir Kinder zum Glück nur am Rande mit und genossen eben nur den wunderbaren Augenblick.

Für mich war dieser Tag halt der letzte noch voll bewusste schöne Tag mit meiner Mutter, der immer ganz stark in Erinnerung bleibt. Nur knapp drei Wochen nach meinem Geburtstag hatte sie eine Operation, nach der sie an Blutvergiftung verstarb. Aber über dieses Thema möchte ich aus verständlichen Gründen keine Einzelheiten schreiben und übergehe es. Wie es der gesamten Familie und im ganz Besonderen meiner armen Oma danach ging, brauche ich wohl nicht zu erwähnen. Es war ein Drama für die Familie.

Der Beginn des Jahres 1946 stand unter keinem guten Stern für die Familie. Nach dem Begräbnis meiner Mutter auf dem Dom-Friedhof war keiner von uns imstande, die Realität als wahr anzunehmen. Sie war ganz einfach nicht mehr da, und das zu akzeptieren, war schier unmöglich. Mein Bruder und ich gingen nicht mehr wie üblich mit ihr nach Hause. Aber unser einziger Trost in der Situation waren unsere Großeltern. Nun musste meine Oma uns auch noch bei sich unterbringen, weil wir nicht alleine in unserer Wohnung bleiben konnten.

Nachdem die Behörden vom Tod meiner Mutter informiert wurden, ging sofort ein amtliches Schreiben an meine Großeltern, dass die freie Wohnung für Flüchtlinge zur Verfügung gestellt werden sollte. Meine Oma war fassungslos und sie sagte: „Das kann doch wohl nicht wahr sein, dass man den Kindern ihr Zuhause wegnehmen will! Wo sind wir denn? Kaum, dass die Mutter unter der Erde ist, meldet sich schon das Wohnungsamt!" – „Gleich morgen bin ich bei Ihnen!", erregte sie sich noch.

Am kommenden Tag, im Laufe des Vormittags, ging meine Oma aufs Wohnungsamt, um mit einem zuständigen Beamten über unseren Fall zu reden. Der entsprechende Beamte meinte, in Zeiten wie diesen, in denen der Flüchtlinge wegen noch immer ein großer Mangel an Wohnraum herrsche, müsse jeder leer stehende Wohnraum genutzt werden.

Die Antwort meiner Oma darauf: „Falls mein Schwiegersohn wieder nach Hause kommt, steht er mit seinen Kindern auf der Straße – oder wie?" „Sie wissen doch überhaupt nicht, ob der Schwiegersohn noch am Leben ist", meinte der Beamte. „Solange wir keine offizielle Todesnachricht erhalten haben, lebt er für mich", erwiderte meine Oma. „Außerdem habe ich auf Dauer in meiner Wohnung nicht genügend Platz für so viele Personen", fügte sie noch hinzu.

„Die Kinder brauchen ja sowieso einen Vormund, und da werden sie unter Umständen woanders untergebracht", erwiderte der Beamte. „Wie meinen Sie das bitte? Die Kinder haben doch ihren Großvater, das wird doch wohl als Vormund ausreichen", empörte sich meine Oma. „Da müssen Sie aber sicher erst einen Antrag stellen, dass der Großvater nicht schon zu alt für diese Verantwortung ist", meinte der Beamte. „Das werden wir mit Sicherheit tun", konterte meine Oma und ging.

Mit einer ziemlichen Wut im Bauch kam sie wieder nach Hause und berichtete über den Stand der Dinge. „Wir müssen uns etwas einfallen lassen, und zwar eine Strategie, wie wir es schaffen können, die Wohnung unbedingt zu behalten", sagte sie zu meinem Opa. Aber Probleme zu lösen, überließ er wie immer gerne meiner Oma. In ihm hatte sie in allen behördlichen Angelegenheiten absolut keine Stütze, und er sagte nur zu allem ja – was sie unternahm – weil sie fast immer alle Probleme erfolgreich löste.

Ihr war auch schon sehr bald eine Idee gekommen, die sie auch sofort in die Tat umsetzen wollte. Sie musste nur noch mit ihrer Tochter darüber reden. Ihr Gedanke war nämlich der, dass unsere Tante mit uns in unsere Wohnung einziehen sollte, wenn sie damit einverstanden wäre. Dann hätte das Wohnungsamt unsere Wohnung nicht zwangsbesetzen können, und sie wäre für uns erhalten geblieben. Meine Oma bat ihre Tochter sehr inständig um diesen Gefallen, und Tante Erna versprach, darüber gründlich nachzudenken.

Meine Tante war nicht sofort auf den Vorschlag meiner Oma eingegangen, weil sie immer noch hoffte, eines Tages nach Hamburg wieder zurückzukehren. Schließlich hatte sie fast noch alle ihre Freunde aus früheren Tagen dort. Auf keinen Fall hatte sie die Absicht, für immer in Ratzeburg zu bleiben. Aber in Anbetracht der momentanen verzwickten Lage – wegen unserer Wohnung –, sagte sie meiner Oma, dass sie bis zur Rückkehr meines Vaters mit uns in der Wohnung bleiben würde.

Meiner Oma fiel ein Stein vom Herzen, möglich, dass sich das Wohnungsproblem auf diese Weise lösen ließe. Uns kam auch noch eine andere Überraschung, mit der keiner gerechnet hatte, zu Hilfe. Nach Jahren traf das erste Lebenszeichen aus Frankreich von meinem Vater bei uns ein. Das war wirklich eine freudige Nachricht für uns, aber andererseits auch eine traurige zugleich. Die Nachricht kam nur zwei Wochen nach dem Tod meiner Mutter, die es leider nicht mehr erfahren durfte, dass mein Vater noch am Leben war.

Seit der Invasion in Frankreich hatte er als vermisst gegolten, und seit der Zeit hatten wir nichts mehr von ihm gehört. Jetzt diese unglaubliche Überraschung, die uns hoffen ließ, dass er schon bald wieder heimkehren würde. Meine Oma beantwortete den Brief auch umgehend. In dem nächsten Brief, den er zurückschrieb, stellte er logischerweise die Frage, weshalb ihm meine Oma geschrieben hatte und nicht seine Frau?

Es tat meiner Oma von ganzem Herzen leid, ihm in der Gefangenschaft auch noch diesen Schmerz bereiten zu müssen. Die traurige Botschaft vom Tod seiner Frau traf ihn natürlich hart. Leider hatte sie ihm diese traurige Nachricht nicht ersparen können. Mein Vater konnte sich nicht vorstellen, falls er jemals wieder nach Hause käme, dass seine Frau ganz einfach nicht mehr existierte.

Mit dem Brief meines Vaters ging meine Oma umgehend aufs Wohnungsamt, um ihn den zuständigen Beamten vorzulegen, als Beweis, dass ihr Schwiegersohn am Leben war und darum einen berechtigten Anspruch auf seine eigene Wohnung hatte, der dann auch gewährt wurde. Anschließend gingen meine Großeltern noch gemeinsam mit dem Brief meines Vaters zum Vormundschaftsgericht, damit meinem Opa die Vormundschaft für meinen Bruder und mich zugesprochen werden würde, was auch anstandslos gelang. Somit war auch dieses Problem aus der Welt geschafft.

Um von den Großelter gemeinsam mit unserer Tante wieder in unsere alte Wohnung überzusiedeln, hatte mein Opa zuerst einmal zwei Tage hintereinander eingeheizt, damit sie nach unserer vierwöchigen Abwesenheit überhaupt ein wenig warm war. In der Zwischenzeit, in der niemand aus der Familie anwesend war, hatte sich Frau Lang auf Bitten meiner Oma liebenswürdigerweise um unsere Wohnung so gut wie möglich gekümmert – wie die Post sammeln, das Versperren der Eingangstür …

Wenn es nach mir gegangen wäre, wäre ich lieber noch länger bei meiner Oma geblieben. Ohne meine Mutter bin ich nicht gerne nach Hause gegangen. Aber ich möchte dazu sagen, dass es nicht an meiner Tante lag. Sie war sehr um uns bemüht und auch sehr lieb zu uns. Das war nicht der Grund, sondern ganz einfach, dass meine Mutter nicht mehr anwesend war und sie mir fehlte. Ansonsten verlief alles wie vorher. Wir verbrachten aus Sparsamkeitsgründen die meiste Zeit wieder bei den Großeltern.

Der Frühling kam in diesem Jahr erst sehr spät. Nach dem ungewöhnlich kalten, langen Winter hatten wir im Mai noch Eisschollen auf dem See, und das war absolut ungewöhnlich. Aber alleine schon, dass die Tage wieder länger wurden und ein Ende der langen Heizperiode in Sicht war, hinterließ bei mir eine Art Hochgefühl. Mit den ersten sonnigen Tagen sah die Welt, trotz der immer noch sehr tristen allgemeinen Lage, schon wieder etwas hoffnungsvoller und freundlicher aus.

In der nächsten Zeit kamen einige einschneidende Veränderungen auf das Leben meiner Tante zu. Sie erhielt nämlich eine Nachricht aus Hamburg. Man schrieb ihr, falls sie – weil sie ja ausgebombt worden war – einen Anspruch auf eine Wohnung stellen würde, sie sich doch bitte im zuständigen Wohnungsamt melden möge. Meine Tante war total aufgeregt: Sie freute sich ungemein über diese Nachricht und hatte die Absicht, sobald wie möglich nach Hamburg zu fahren, um ihren Anspruch auf eine Wohnung geltend zu machen.

Inzwischen waren auch schon einige Fahr- und Verbindungsmöglichkeiten wiederhergestellt, sodass meine Tante die Möglichkeit, nach Hamburg zu gelangen, per Bus herausfand. Um nicht alleine reisen zu müssen, fragte sie mich, ob ich sie nicht begleiten wolle. Ich war sofort Feuer und Flamme, dass ich auf diese abenteuerliche Fahrt mitgenommen werden sollte. Meinen Bruder ließ sie während unserer Abwesenheit bei meiner Oma, die überhaupt nicht erfreut darüber war, dass ihre Tochter die Absicht hatte, wieder nach Hamburg zu übersiedeln.

Ich kann mich an keine Einzelheiten der Fahrt erinnern. Aber daran, dass Tante Erna sich in der in Trümmern liegenden Stadt immer noch bewundernswert gut auskannte und jede Adresse auf Anhieb fand. So viele kaputte Häuser auf einmal hatte ich in meinem Leben noch nicht gesehen. Ganze Straßenzeilen ohne ein einziges heiles Haus. Unvorstellbar für mich. Da Ratzeburg von Bombenangriffen verschont geblieben war, konnte ich in meiner kindlichen Vorstellung nicht fassen, wie eine Stadt nur so aussehen konnte. Auf alle Fälle fand meine Tante das provisorisch eingerichtete Wohnungsamt, und wir stellten uns in der langen Schlange wartender Menschen an.

Es dauerte einige Zeit, bis wir endlich drankamen und meine Tante ihren Anspruch auf eine Wohnung geltend machen konnte, was mit einigen Unterlagen auch anstandslos klappte. Beim Verlassen des Amtes mussten wir wieder an der langen Warteschlange vorbeigehen, als plötzlich ein Mann aus der Reihe hervortrat und sagte: „Erna, bist du das?" „Ja, Hermann, ich bin es!" Sie fielen einander vor lauter Wiedersehensfreude – die der Zufall ihnen geschenkt hatte – in die Arme.

Tante Erna und ich gingen neben ihm her, während sie sich über ein eventuelles Treffen unterhielten. Mich langweilte das Gespräch der beiden natürlich, aber zu meinem Glück hatten wir nicht sehr viel Zeit, weil wir noch einen Besuch vor uns hatten. Darum trennte sich meine Tante schon bald wieder von Hermann. Wir mussten uns nämlich wieder auf den Weg machen, weil uns die Zeit bis zur Heimfahrt sonst davonlief. Also tauschten sie nur noch schnell einander ihre Adressen aus, damit sie sich in weiterer Folge per Brief Nachrichten zukommen lassen konnten.

Nach dem Abschied von Hermann mussten wir aber noch einen ziemlich langen Weg zu Fuß gehen, bis zur Freundin meiner Tante. Leicht war die Adresse zwischen den Trümmern nicht zu finden, weil die Hausnummern an den kaputten Häusern oft noch fehlten. Aber es gelang ihr nach einigem Suchen, die richtige Ruine zu finden. Wir betraten etwas, was einmal ein Haus gewesen sein musste, das keine Eingangstür besaß, und wenn man nach oben schaute, den freien Himmel durchs Dach sehen ließ.

Ich kam aus dem Staunen nicht heraus. So etwas hatte ich bis jetzt in meinem Leben auch noch nicht gesehen. „Aber wo wohnt Tante Ilse?", fragte ich meine Tante. „Wir müssen nur über die Treppe hinaufgehen, und auf der rechten Seite befindet sich ihre Wohnung", sagte sie zu mir.

Wir gingen über eine ohne Geländer frei schwebende Treppe, die aber stabil verankert war, nach oben. Mir war nicht ganz wohl dabei zumute, und ein wenig knieweich ging ich langsam hinter meiner Tante vorsichtig die Treppe hinauf. Heil oben angekommen, atmete ich erst einmal tief durch, bevor meine Tante an eine vorhandene Wohnungstür klopfte, die auch schon sehr bald von der immer ausnahmslos freundlichen Tante Ilse geöffnet wurde. Sie war nicht meine Tante, aber ich kannte sie sehr gut aus der Zeit, als sie mit ihren zwei Söhnen auch einmal im Haus am Domhof gewohnt hatte.

Tante Erna hatte, gemeinsam mit meinem Opa, sie und ihre zwei Buben nach einem schweren Terrorangriff auf Hamburg aus der Stadt rausgeholt und nach Ratzeburg in Sicherheit gebracht.

Tante Ilses Eltern besaßen einen Zigarrenladen in Hamburg, den sie schon sehr bald nach dem Krieg wiedereröffnen durften, und haben danach so schnell als möglich eine Wohnung in ihrer Nähe für ihre Tochter mit Enkelkindern besorgt. Deshalb war sie auch schon nach einem halben Jahr wieder nach Hamburg zurückgekehrt, und nun standen wir vor ihrer Wohnungstür. Die Überraschung war gelungen.

Tante Ilse umarmte uns so spontan, dass uns fast die Luft wegblieb, so groß war ihre Wiedersehensfreude. Sie bat uns, hereinzukommen – in ihr Heim. Wenn ich daran dachte, wie es draußen überall ausgesehen hatte, war ich sehr überrascht, wie schön die Wohnung von innen war. Sie bewohnte mit ihren Söhnen zwei Zimmer und eine schöne große Wohnküche, in der wir es uns inzwischen gemütlich gemacht hatten.

Ein Trakt des Hauses war nämlich nach einem Bombenangriff vollständig heilgeblieben, sodass mehrere Familien in diesem Teil des Hauses untergebracht werden konnten, und in einem von diesem wohnte jetzt auch Tante Ilse.

Für Tante Erna hatte sie eine ganz besondere Überraschung. Durch die Beziehungen ihrer Eltern mit Rauchwaren aller Art konnte sie sich hier und da den Luxus erlauben, Zigaretten gegen Bohnenkaffee einzutauschen. Und von diesem Schatz bereitete sie jetzt für meine Tante und sich je eine Tasse zu. Es war meine erste Bekanntschaft mit dem wunderbaren Duft von einem echten Bohnenkaffee, den ich in späteren Jahren genau so sehr liebte wie meine Tante. Meine Oma hatte ihren Bohnenkaffee aus Schweden immer als Tauschware geopfert und unseretwegen auf diesen Genuss verzichtet, sodass mir dieser Kaffeeduft völlig unbekannt geblieben war.

Ich bekam einen guten Himbeersaft und dazu eine große Scheibe Brot mit Butter und Marmelade. Tante Erna hatte uns zwar für unterwegs Schmalzbrote und Äpfel mitgenommen, aber ich hatte trotzdem schon wieder Hunger. Ich hatte eigentlich immer Hunger und war darum sehr froh, dass ich die große Scheibe Brot zusätzlich bekam. Meine Tante und ihre Freundin genossen den Kaffee mit einer guten Zigarette und unterhielten sich angeregt dabei.

Dadurch, dass Tante Ilses Eltern den Zigarrenladen hatten, waren in ihrer Familie alle Raucher, aber meine Tante war nur eine Gelegenheitsraucherin. Es war schon mehr als ein halbes Jahr her seit dem Weggang von Tante Ilse aus Ratzeburg, und so lange hatten sich die beiden nicht mehr gesehen und dementsprechend viel zu erzählen.

Tante Ilse erkundigte sich auch nach dem Befinden der restlichen Familie und war natürlich geschockt, als sie vom Tod meiner Mutter erfuhr. Sie war erschüttert und Tränen liefen ihr über die Wange, weil sie genauso fassungslos war wie wir.

Als wir uns nach diesem Thema wieder einigermaßen gefasst hatten, erzählte meine Tante noch, warum sie eigentlich nach Hamburg gekommen war und dass sie im Wohnungsamt den Hermann nach so langer Zeit wiedergetroffen hatte. Er war ein guter Freund ihres gefallenen Gatten. Weiterhin erzählte sie, dass sie momentan mit mir und meinem Bruder, bis zur Rückkehr meines Vaters, in der Wohnung in der Rathausstraße wohnte, damit ihm diese erhalten blieb, und dass sie danach die Absicht hätte, wieder nach Hamburg zurück zu übersiedeln.

„Es würde mich sehr freuen, dich wieder in meiner Nähe zu haben", sagte Ilse. „Ich hoffe, dass es nicht mehr allzu lange dauern wird", erwiderte meine Tante.

Mir tat nur leid, dass die Söhne von Tante Ilse nicht anwesend waren. Besonders wegen Uwe, dem Älteren ihrer beiden Söhne. Wir waren fast gleich alt und wir hatten uns immer sehr gut verstanden. Zu seinem jüngeren Bruder Ralph hatte ich überhaupt keine Beziehung und vermisste ihn darum auch nicht. Mit Uwe hätte ich mich sehr gerne unterhalten. Aber es sollte nicht sein, sie waren anderswo unterwegs.

Der Nachmittag bei Tante Ilse war für mich ohne Kinder ein wenig langweilig, trotzdem habe ich mich sehr gefreut, dass ich die Tante wiedergesehen hatte. Aber ich war keineswegs traurig, als wir endlich unseren Heimweg antraten. Bis Tante Erna und ich durch die Straßen mit den vielen Ruinen endlich am Bahnhof ankamen, dauerte es eine Ewigkeit, und das alles zu Fuß!

Während der Heimfahrt hatte ich sehr viele Fragen an meine Tante. Mir lag der Hermann im Magen, und ich fragte sie aus heiterem Himmel direkt: „Bist du in Hermann verliebt, Tante Erna?" „Wie kommst du auf die Idee?", fragte sie mich. „Weil ihr euch so fest umarmt habt", meinte ich. „Hermann war ein guter Freund von meinem Mann, und er hat mich schon immer ein wenig verehrt", sagte sie. „Aber heiraten willst du ihn doch wohl nicht – oder?", fragte ich zur Sicherheit noch einmal nach. „Darüber habe ich noch nicht nachgedacht", meinte sie. Ganz zufrieden war ich mit dieser Antwort nicht.

Wir kamen erst sehr spät nach Hause, und wir sind darum auch nicht mehr, so spät am Abend, zur Oma gegangen. Sehr gerne hätten wir ihr noch eine Nachricht wegen unserer guten Heimkehr hinterlassen, damit sie sich nicht unnötig sorgte, aber wir waren nach unserer Heimkehr vom langen Laufen in der Stadt so müde und hatten darum nur noch den einen Wunsch, uns ins Bett fallen zu lassen.

Am nächsten Tag hatten Tante Erna und ich verschlafen. Durch die Übermüdung des vorhergehenden anstrengen Tages hatten wir länger geschlafen als sonst und kamen deshalb erst um die Mittagszeit bei meiner Oma an. Ich war total aufgeregt, wollte ihr sofort von unserem abenteuerlichen Ausflug berichten und erzählte ihr, was für eine kaputte Stadt Hamburg doch sei, in der ich niemals wohnen wolle. Meine Oma verstand mich total und sagte: „Du bleibst lieber in Ratzeburg – in einer heilen Stadt." „Ja", antwortete ich, „und von Tante Ilse soll ich dir auch noch liebe Grüße ausrichten, und wenn sich eine Gelegenheit für sie bietet, will sie uns einmal besuchen."

Tante Erna erzählte ihrer Mutter noch von ihrer Begegnung im Wohnungsamt mit Hermann und dass sie jetzt für eine Wohnung in Hamburg vorgemerkt sei. Diese Neuigkeit gefiel meiner Oma weniger, aber sie hütete sich, ihre Meinung dazu zu sagen, weil sie genau wusste, dass ihre Tochter es ihr übel nehmen würde, und schließlich wollte sie ihr die Freude nicht nehmen.

Inzwischen war der Frühling endlich ins Land gezogen. Bei meiner Oma herrschte wieder Hochbetrieb. Der Garten und die Wiese waren bereits umgegraben und Kartoffeln waren schon wieder für die nächste Ernte, für den kommenden Winter, in die Erde eingesetzt. Eine neue Generation Küken war geschlüpft und die Kaninchen hatten auch schon neuen Nachwuchs. Die Hühner legten wieder brav ihre Eier, sodass wir öfter mal Rühreier mit Speck essen konnten.

Auch andere Aktivitäten spielten sich im Wonnemonat Mai auf dem See ab. Jetzt, seit die Grenze versetzt war, konnte man ohne Angst ungehindert über den ganzen See segeln, was die Besatzungssoldaten auch als neues Hobby ausgiebig nutzten. Einige von ihnen auch mit ihren neuen Freundinnen, um ihnen ein Vergnügen zu bieten. Die Boote für die Segeltouren wurden von den Einheimischen ausgeborgt – sprich: beschlagnahmt. Leider waren von ihnen die meisten des Segelns nicht kundig, und die Unfälle blieben daher nicht aus.

Diese Unfälle häuften sich, sodass die Stadtgemeinde einen kleinen Rettungstrupp zusammenstellte. Da Männer zu jener Zeit eher in der Minderheit waren, mussten sie nehmen, wer zur Verfügung stand, auch ältere Männer. Zu ihnen gehörte mein Opa, der noch kräftig und rüstig war. Der Trupp wurde mit einem gut erhaltenen alten Motorboot sowie entsprechender Bekleidung ausgerüstet. Dazu gehörten lange, bis über die Oberschenkel reichende Gummistiefel, wetterfeste Oberbekleidung und ein Enterhaken. So ausgerüstet, unternahmen sie die Rettungsfahrten für Verunglückte.

Leider gelang es den Rettern, zu ihrem großen Bedauern, nicht immer, alle zu retten. Es gab auch Todesfälle unter den übermütigen – aber unkundigen Seglern. Außerdem konnten etliche von ihnen nicht schwimmen, was einigen leider zum Verhängnis wurde.

Für solche Einsätze bekam die Rettungsmannschaft Sonderrationen zugeteilt, von denen wir Kinder profitierten. Es befand sich nämlich auch Schokolade unter diesen Rationen, die zu unserer großen Freude unter uns Kindern aufgeteilt wurde. Ansonsten befand sich noch das Wichtigste von allem, Zigaretten, in dem Paket, und diese waren wiederum ein Glücksfall für den Tauschhandel meiner Oma. Außerdem gab es Kaugummi, Cracker, Corned Beef und …

„Corned Beef" war für mich auch etwas völlig Neues, von dem ich noch nie etwas gehört oder gar gegessen hatte. Aber ich kam sehr schnell auf den Geschmack und freute mich auf jeden Sondereinsatz meines Opas, weil er uns dann das gute Corned Beef mit nach Hause brachte, welches ich inzwischen sehr mochte.

Mit dem Beginn der schönen Jahreszeit kam ein neues Problem auf meine Oma zu. Wir Kinder wuchsen ständig aus unseren Kleidern heraus, und zu kaufen gab es nur wenig. Am ärgsten war es mit dem Schuhzeug. Die Schuhgeschäfte waren fast immer leer, weil ganz einfach keine Ware vorhanden war. Also gab es wieder nur eine Möglichkeit, welche über den Schwarzmarkt oder den Tauschhandel zu organisieren. Für Geld konnte man bei der hungernden Bevölkerung sowieso nichts bekommen. Es mussten eben Lebensmittel, Zigaretten oder Wertgegenstände sein, mit denen man eigentlich alles bekommen konnte – auch Schuhe.

Zum Glück hatte meine Oma von den zusätzlichen Einsatzrationen meines Opas ihren Vorrat an Zigaretten einigermaßen auffüllen können und konnte so mit einigen Schachteln von diesen Schuhe für mich eintauschen. Selbstverständlich um eine Nummer größer, damit ich sie länger tragen konnte. Aber nicht nur meine Schuhe waren zu klein, auch aus den Sommerkleidern war ich inzwischen herausgewachsen. Nun musste sich meine arme Oma auch dafür etwas einfallen lassen, und dabei ging es nicht nur um mich – wir waren schließlich zu dritt. Eine große Herausforderung für sie.

Aus früheren Zeiten kannte sie eine ältere Schneiderin in der Töpferstraße, und zu dieser ging sie jetzt mit mir. Sie hatte einen blau-weiß-karierten Bettbezug dabei, aus dem sie mir ein Dirndl nähen lassen wollte. Zusätzlich hatte sie noch andere alte Kleidungsstücke mitgenommen, die man eventuell verlängern oder möglicherweise aus zwei Kleidern eines nähen konnte. Aber auch hier war wieder nur die eine Frage, um welchen Preis die Schneiderin für sie nähen würde? Sie war ebenfalls nur an Lebensmitteln jeglicher Art interessiert, aber zum Glück war es ihr völlig egal, mit welcher Art von Lebensmitteln meine Oma sie bezahlen würde.

Auf keinen Fall wollte meine Oma die Schneiderin mit Fleisch oder Fett bezahlen. Das wenige Fett, das ihr zur Verfügung stand, wollte sie unbedingt für die Ernährung der Familie behalten. Zu der Zeit war Fett nämlich immer noch eine der größten Mangelwaren, die es gab. Darum wollte sie es auch unbedingt zur Ernährung in erster Linie für uns Kinder in der Wachstumsphase behalten. Also musste sie sich etwas einfallen lassen, was sie der Schneiderin alles anstelle von Fett anbieten konnte. Da sie keine Raucherin war, konnte man sie leider nicht mit Zigaretten bezahlen. Darum musste meine Oma die Zigaretten in die Produkte eintauschen, die die Schneiderin wiederum benötigte. Es war auf alle Fälle keine leichte Aufgabe, alle zufrieden zu stellen.

Als letzten Ausweg für Hilfe bei Problemfällen kam für meine Oma nur eine Person in Frage, und das war Pauline, ihre ehemalige Schulfreundin aus Römnitz. Sie war schon lange Witwe und lebte mit ihrem Sohn, der Schwiegertochter sowie dem Enkel gemeinsam auf ihrem Hof. Ihr Sohn war ein etwas überheblicher Großbauer – genau wie sein Vater, und dies stellte er auch zur Schau.

Zu ihm kamen genügend Menschen, die in ihrer Not ihre Wertsachen gegen Lebensmittel eintauschen mussten. Also gab es kaum etwas, was er nicht hatte. Es musste schon etwas Ausgefallenes sein, falls es noch sein Interesse wecken sollte. Er war ganz einfach übersättigt und konnte es sich leisten, großspurig zu sein.

Aber zum Glück hatte seine Mutter ein großes Herz und half auch denen, die wenig hatten. Da ihr Sohn aber ein starker Raucher war, kam meine Oma nicht als Bittstellerin zu ihnen. Für Zigaretten hatte er immer ein offenes Ohr, und so war sie auch willkommen. Diesen Vorteil wollte meine Oma nutzen, um mit ihm ins Geschäft zu kommen. Aber lieber noch verhandelte sie mit Pauline alleine, so von Frau zu Frau.

Meine Oma wollte unbedingt versuchen, all die Lebensmittel zu bekommen, die sie so dringend benötigte, wie Eier, Schmalz, Speck oder Kartoffeln, eben alles, was sie für ihre Waren eintauschen konnte.

Sie hatte außer den Zigaretten, zusätzlich als Zugmittel, noch Zucker und Seife zum Tauschen mitgenommen. Als Pauline das Wort Seife vernahm, war sie sofort bereit, sich diesen Luxus zu gönnen. Sie entschloss sich sogleich für mehrere Stücke von der wohlduftenden Seife. Aber den Zucker wollte sie auch, weil die Einkochzeit schon wieder näher rückte und sie diesen zum Einkochen von Marmelade dringend benötigte.

Den Rest der Lebensmittel beglich meine Oma noch mit einigen Schachteln Zigaretten für Paulines Sohn. Jetzt hatte sie eine größere Auswahl an verschiedenen Lebensmitteln zur Verfügung, mit denen sie wiederum einige Leute bezahlen konnte, wie zum Beispiel die Schneiderin.

An einem Tag, als ich schon etwas früher am Vormittag bei meiner Oma war als sonst, sollte ich schon bald ein unangenehmes Erlebnis haben. Sie bat mich um einen Gefallen, ob ich so nett wäre und mit Otto gemeinsam ins Fischgeschäft gehen würde, um Aale zu kaufen. Sie hatte nämlich vernommen, dass es eine Zuteilung von Aalen gäbe, und wenn wir zu zweit gingen, die doppelte Menge bekämen, die uns ja sowieso zustünde.

Da es kaum Verpackungsmaterial gab, musste man zum Einkaufen von nassen oder flüssigen Lebensmitteln Gefäße mitbringen. Also stellte meine Oma Otto und mir eine Schale in eine Einkaufstasche, damit die Aale in diese gelegt werden konnten, und so machten wir uns gemeinsam auf den Weg ins Fischgeschäft.

Natürlich mussten wir uns wie immer in einer langen Menschenschlange anstellen, das war auch der Grund, warum unsere Oma uns geschickt hatte, weil sie inzwischen andere, wichtigere Arbeiten verrichten konnte, während wir anstanden. Auf diese Art leisteten auch wir unseren kleinen Beitrag, auf den wir stolz waren. Auf alle Fälle bekamen wir nach langer Wartezeit unsere Aale und machten uns hocherfreut auf den Heimweg.

Wie es eben so ist bei Kindern, begegneten uns unterwegs einige Freunde. Wir freuten uns sehr über diese Abwechslung, unterhielten uns prächtig, machten Späße, waren abgelenkt und vergaßen das Heimgehen. Wieso es dann zu dem Zwischenfall kam, blieb mir immer ein Rätsel. Plötzlich lag nämlich einer der Aale vor mir auf der Straße. Ich erschrak! Wo kam der her? Etwa aus meiner Tasche? Ich schaute zur Sicherheit hinein, um mich zu vergewissern. Tatsächlich fehlte er bei mir! Ich bückte mich, um ihn aufzuheben, aber was war das jetzt? Der Aal flutschte mir durch die Finger und war wieder auf der Straße. Verzweifelt griff ich ein zweites Mal nach ihm, und wieder das gleiche Spiel. Nur dieses Mal sah ich zu meinem Schrecken, dass er fast bis zu einem Abflussgitter gerutscht war.

Wie konnte ich es nur verhindern, dass der Aal durchs Gitter rutschen und verschwinden würde? Ich näherte mich so vorsichtig als möglich und wollte ihn von vorne zurückschieben, damit er vom Abfluss ein wenig mehr Abstand gewann und ich dann noch einen Versuch starten konnte, ihn wieder einzufangen. Inzwischen war der Aal so schmutzig, dass er griffig war und ich ihn ganz leicht ergreifen konnte, um ihn wieder in die Schale zurückzulegen. Nach dieser Aktion war ich fertig. Aber der Rest der Kinder, der dieses kuriose Schauspiel – den Kampf mit dem Aal – beobachtet hatte, fing laut an zu lachen. Trotz meines fürchterlichen Schrecks hatten die Kinder mich mit ihrem Lachen angesteckt, und ich lachte erleichtert mit ihnen.

Zu Hause angekommen, erzählte ich meiner Oma von meinem schrecklichen Missgeschick, und sie erklärte mir, dass Aale eben immer so glitschig seien, und dass auch sie sie erst im Garten in der Erde rollt, weil der Schlick sich so am einfachsten von den Aalen löst. Dann werden sie mit Wasser abgespült und sie lassen sich danach zur Weiterverarbeitung gut angreifen. Anschließend schüttete ich meiner Oma noch mein Herz aus, welche Ängste ich ausgestanden hatte, dass der Aal in den Abfluss hätte rutschen können und unser gutes Essen im Kanal verschwunden gewesen wäre. Natürlich tat ich ihr leid, und ihr Trost tat mir gut.

Eines schönen Tages überraschte uns Hermann aus Hamburg mit seinem Besuch. Wir waren mitten bei der Gartenarbeit, in dem jungen Kartoffelkraut gab es nämlich immer wieder lästige Kartoffelkäfer. Wir waren gerade damit beschäftigt, diese Plagegeister abzusammeln, als Herman plötzlich vor uns stand. Er stellte sich der Familie vor und begrüßte uns alle sehr freundlich. Natürlich war er nur wegen meiner Tante gekommen, der sein Besuch galt. Sie war anwesend und über seinen Besuch sehr erfreut.

Er hatte sogar einen kleinen Blumenstrauß für sie mitgebracht, den er ihr überreichte und den sie gerne annahm. Damit sie sich ungestört miteinander unterhalten konnten, setzten sie sich ein wenig abseits von uns auf die kleine Bank, die in der Nähe des Sees am Ufer stand. Sie unterhielten sich sehr angeregt, wir hörten sie sogar lachen, und sie schienen einander recht gut zu verstehen.

Nachdem wir mit dem Unkrautjäten und mit dem Einsammeln der Käfer fertig waren, machte meine Oma den großartigen Vorschlag, eine Kanne Pfefferminztee aufzubrühen und Marmeladenbrote dazu zu reichen. Mit diesem Vorschlag waren wir gerne einverstanden. Natürlich war auch Hermann herzlich dazu eingeladen.

Als wir dann im Wohnzimmer alle bei Tee und Brot gemeinsam um den Tisch Platz genommen hatten, verwickelte mein Opa Hermann sogleich in ein Gespräch, sodass die ein wenig angespannte Atmosphäre etwas aufgelockert wurde. Sicher war Hermann nicht entgangen, dass meine Oma nicht unbedingt erfreut über seinen Besuch war. Aber in der netten Unterhaltung der gemeinsamen Teerunde hatte sie die peinliche Situation sehr gut überspielt.

Lange konnte Hermann sowieso nicht bleiben, schließlich hatte er noch einen weiten Weg bis Hamburg vor sich. Schon am späteren Nachmittag verabschiedete er sich wieder von uns und bedankte sich für den netten Nachmittag. Tante Erna begleitete ihn noch ein kurzes Stück des Weges, und meine Oma nahm diese Gelegenheit gleich zum Anlass, ein Stück mit ihnen zu gehen, um auf dem am Weg liegenden Friedhof das Grab meiner Mutter zu besuchen. Manchmal begleitete ich meine Oma auf diesem Weg, aber nicht allzu oft, weil ich nachher immer ziemlich depressiv war.

Man merkte Tante Erna sichtlich an, wie gut ihr der Besuch von Hermann getan hatte. Sie war aufgekratzt und recht lustig. Wahrscheinlich bahnte sich zwischen ihnen etwas an. Da mein Vater jetzt ziemlich regelmäßig schrieb, aber noch immer kein Wort von einer eventuellen Heimkehr in den Briefen stand, musste Tante Erna den Gedanken an eine schnelle Übersiedlung nach Hamburg zu ihrem Leidwesen noch ein wenig verdrängen.

Der Sommer war sehr heiß und schön, und ich hatte wieder das Verlangen, einige Zeit mit Helga auf dem Land bei der Tante zu verbringen. Darum bat ich meine Oma, mich gehen zu lassen. Gerne stimmte sie nicht zu, aber sie erlaubte es mir dann letztendlich doch. Damit ich nichts tragen musste, packte ich meine wenigen Sachen wie immer in meinen Puppenwagen. Otto machte mir den Vorschlag, mich samt dem Puppenwagen im Ruderboot über den See zu rudern. Dann hätte ich nur noch den halben Weg zu gehen, meinte er.

Von diesem Vorschlag war meine Oma nicht begeistert, aber ich sagte zu ihr: „Du weißt doch, dass Otto und ich wirklich gute Schwimmer sind, und was soll da schon passieren? Also bitte ich dich, lass Otto mich über den See rudern." Nach langem Bitten ließ sich meine Oma endlich doch noch erweichen und erlaubte mir, dass Otto mich samt meinem Puppenwagen mit dem Boot über den See rudern durfte. Beim Abschied sagte meine Oma dann noch zu mir: „Du bleibst aber nicht länger als zwei Wochen, weil dann schon die Himbeersaison beginnt, und ich möchte gerne, dass du beim Pflücken mithilfst."

Otto hatte mich sehr schnell über den See gerudert und ich verabschiedete mich nur kurz, weil ich es sehr eilig hatte und kaum erwarten konnte, so schnell als möglich zur Helga und Tante Frieda zu gelangen. Heute denke ich mir, ich wollte etwas Versäumtes – die unterbrochenen Ferien des vorigen Sommers durch den Einmarsch der Russen – nachholen. Aber so etwas funktioniert nicht, und so war es dann auch. Es sollte der letzte Sommerurlaub in der Bäk für mich sein. Helga und ich freuten uns zwar sehr, einander wiederzusehen, aber wir hatten seltsamerweise nicht mehr den gleichen Elan wie im letzten Jahr. Irgendetwas war anders. Hatten wir uns verändert? Oder war es eine Art Verabschiedung von der unbeschwerten Kindheit, die wir im Unterbewusstsein spürten? Wir wussten es beide nicht genau, machten uns aber trotzdem noch ein paar schöne Tage.

Als Erstes hatte ich den Wunsch, meine Urgroßeltern wiederzusehen, und zu ihnen war auch unser erster gemeinsamer Weg. Ich war glücklich, sie bei bester Gesundheit anzutreffen. Uroma freute sich so sehr über mein Kommen, dass sie mich in ihre Arme nahm und mich fest drückte. Uropa freute sich auch, mich wiederzusehen, aber er konnte es nicht so zeigen. Er hatte in seinem Alter nicht mehr den richtigen Zugang zu Kindern. Er freute sich zwar, wenn er sie hier und da sah, wusste aber nichts mit ihnen anzufangen.

Ich hatte meiner Uroma natürlich sehr viel zu erzählen, schließlich hatten wir einander zu Weihnachten zusammen mit Oma das letzte Mal gesehen. Natürlich sprach sie auch mit mir über den Tod meiner Mutter, was uns alle wieder richtig traurig stimmte und mir absolut nicht guttat. Auf alle Fälle bekamen wir wie immer ihr gutes, selbst gebackenes Milchbrot mit einem Malzkaffee dazu, was uns bei ihr besonders gut schmeckte. Aber die übermütige, ausgelassene Stimmung, die Helga und ich sonst verbreitet hatten, war für immer verloren.

Am liebsten wäre ich schon am nächsten Tag nach Hause gegangen, blieb dann aber doch die ausgemachten zwei Wochen und wurde zu meiner großen Überraschung von Tante Erna und Otto abgeholt. Meine Oma hatte ihre Tochter gebeten, nach ihren Eltern zu schauen, ihrer Mutter noch Zucker zum Einkochen vorbeizubringen und mich danach am Retourweg mitzunehmen. Dieses Mal war ich nicht traurig, nach Hause gehen zu müssen, sodass ich eigentlich froh war, weil mir die Zeit langsamer als sonst verlaufen war. Aber trotzdem empfand ich den Abschied von Tante Frieda und Helga mit Wehmut. Ahnte ich, dass es mein letzter Sommer bei ihnen war?

Der Heimweg zu dritt war für mich sehr angenehm. Wir unterhielten uns gut unterwegs, und ich war dadurch von meinen traurigen Gedanken abgelenkt. Ich wusste auch schon, was in den nächsten Tagen auf mich zukam. Hatte mir doch meine Oma beim Abschied noch zugerufen, dass wir Himbeeren pflücken wollten. Meine Freude hielt sich in Grenzen. Es mag zwar übertrieben klingen, aber wir mussten schon wieder Vorsorge treffen für den nächsten kommenden Winter. In der Versorgung von Lebensmitteln für die hungernde Bevölkerung hatte sich leider weiterhin nichts geändert, und die Menschen mussten nach wie vor hungern.

Wenn wir Himbeeren pflücken gingen, mussten wir schon um 5 Uhr aufstehen, weil wir einen ziemlich langen Weg in den Wald vor uns hatten. Das Aufstehen um diese Zeit fiel mir äußerst schwer. Weil Tante Erna, mein Bruder und ich ja in der Rathausstraße schliefen, trafen wir uns alle in der Früh an einem ausgemachten Treffpunkt, um gemeinsam in den Wald zu gehen.

Mein Opa hatte das alte Fahrrad von meinem Vater dabei, an das er die vollen Eimer am Retourweg hängen konnte, damit wir sie nicht tragen mussten, und falls mein Bruder das lange Laufen nicht mehr schaffen sollte, konnte auch er sich noch zusätzlich auf den Gepäckträger setzen und mein Opa würde die gesamte Last schieben.

Um alle unsere Gefäße anzufüllen, hatten wir sicher um die drei Stunden fleißig gepflückt. Ziemlich müde danach hatten wir wieder den langen Heimweg anzutreten. An den Himbeerpflücktagen kochte meine Oma das Mittagessen für uns immer schon einen Tag vorher, damit sie das Essen nur aufwärmen musste und wir nach der Anstrengung schnell zu einer warmen Mahlzeit kamen.

Nach einer kurzen Ruhepause begannen meine Oma und Tante Erna sofort mit dem Verarbeiten der Früchte. Es war nämlich nicht gut, sie länger liegen zu lassen, weil sie ansonsten sehr schnell zu gären anfangen würden. Aber wir durften von den frischen Himbeeren naschen, so viel wir wollten, schließlich gab es jeden Tag frischen Nachschub. Circa eine Woche lang gingen wir täglich in den Wald, um Himbeeren zu pflücken.

Ich war sehr froh, als diese Zeit wieder vorbei war. Aber ich muss dazu sagen, das Essen der Beeren direkt vom Strauch war schon ein besonderer Genuss, und die vielen zusätzlichen Vitamine, die wir täglich aßen, taten uns außerdem sehr gut. All diese Strapazen, die wir auf uns nahmen, dienten faktisch nur dazu, zu überleben. Es waren ja nicht nur die Himbeeren alleine, sondern die gleichen Strapazen fanden auch in der kommenden Blaubeerzeit noch einmal statt.

Alles drehte sich jetzt nur noch ums Einkochen der Beeren und innerhalb von sechs Tagen war einiges zusammengekommen. Es waren harte Tage für meine Oma und meine Tante. Sie arbeiteten von zeitig in der Früh bis spät in die Nacht und haben zwischendurch auch noch den übrigen Teil der Familie untertags mit Essen versorgt. Ich war ehrlich gesagt froh, als die Beerenzeit vorüber war. Bei dem Einkochen von Obst und Gemüse aus dem eigenen Garten hatte man den Vorteil, dass man nicht so früh aufstehen und dann auch noch den weiten Weg gehen musste.

Irgendwann im Laufe des Sommers wurde verlautbart, dass der reguläre Schulunterricht im Herbst wieder beginnen würde. Mein Bruder hatte inzwischen auch das schulpflichtige Alter erreicht und musste somit auch eingeschult werden. Jetzt ergab sich die Frage, woher sollte man für Dieter eine Schultasche bekommen? Zu kaufen gab es keine. Also konnte man nur versuchen, eine auf dem Schwarzmarkt zu bekommen. Aber es war nicht nur die Schultasche alleine, die benötigt wurde, sondern wir brauchten alle drei wieder größere Schuhe und Kleider.

Wir bekamen auch anstandslos vom Wirtschaftsamt Bezugsscheine für Bekleidung und Schuhe zugesprochen. Aber was halfen diese, wenn es in den Geschäften kaum Ware gab? Nur ein Beispiel im Schuhgeschäft: In den Regalen standen einige Paar Schuhe aus einer Art Pappmaschee und ein einziges Paar Lederschuhe. Mir war das schöne Paar Lederschuhe leider zu klein und meinem Bruder war es viel zu groß. Aber wir waren nicht umsonst in dem Geschäft, der Besitzer gab meiner Oma die Adresse von einem Mann, der Holzschuhe in allen Größen anfertigte, und sie war ihm sehr dankbar für diesen Tipp.

Gemeinsam ging meine Oma mit Otto, meinem Bruder und mir zu diesem Mann. Es war ein sehr netter älterer Herr, der uns empfing, und er wusste sofort, was wir benötigten. Wir waren schließlich nicht die Einzigen, die in ihrer Not zu ihm kamen. Also ließ meine Oma für jeden von uns ein Paar Holzschuhe bei ihm anmessen. Sie sahen genauso aus wie die holländischen Holzpantinen und gefielen uns sehr. Ich kann nur sagen, dass ich sehr gut in ihnen mit dicken Socken gehen konnte und immer sehr warme und trockene Füße hatte. Sie hatten nur einen Nachteil, dass man mit ihnen nicht Schlittschuhlaufen konnte.

Winterkleidung bekamen wir fast ausschließlich aus umgeänderten Kleidern von den Erwachsenen. Nur für meinen Bruder hatte meine Oma das Glück, im Kaufhaus auf einen Bezugsschein für ihn etwas Passendes zu finden. Die Sorge um Winterbekleidung war damit vorläufig gelöst.

Aber das Katastrophenjahr 1946 war immer noch nicht zu Ende. Es traf genau das ein, was meine Oma im Innersten immer seit einiger Zeit befürchtet hatte. Ihr Vater, mein Urgroßvater, verstarb an Herzversagen. In der Früh beim üblichen Feueranzünden des Küchenherds ist er beim Bücken umgefallen und war sofort tot. Die Nachricht über seinen Tod überbrachte uns Omas Nichte Emma.

Zu dem Zeitpunkt eine dramatische Situation, von der meine arme Oma total überfordert war. Es war gerade die Einkochzeit und darüber hinaus hatte sie die Vorbereitungen für uns drei Kinder für die Schule zu treffen, und jetzt kamen ihr zusätzlich auch noch die Amtswege fürs Begräbnis dazwischen. Man darf von heutiger Sicht nicht vergessen, dass all diese Wege immer zu Fuß erledigt werden mussten. Wer hatte schon ein Auto zu dieser Zeit?

Das nächste Problem war, dass meine Oma ihre alte Mutter nicht mehr auf dem Land alleine lassen konnte, und deren Wohnung aufgelöst werden musste, wofür kein Fahrzeug zur Verfügung stand. Das einzige Problem, was ihr sozusagen abgenommen wurde, war, dass der Sarg mit dem Urgroßvater von einem Begräbnisinstitut auf den Ziethener Friedhof zur Beisetzung geführt wurde.

In der ausweglosen Lage, in der sich meine Oma momentan befand, konnte sie nur von ihrer Freundin Pauline Hilfe erwarten.

Ihr Sohn besaß Pferde und auch einen uralten kleinen Traktor, und meine Oma wollte ihn bitten, dass er ihr beim Ausräumen der Wohnung und dem Umzug ihrer Mutter nach Ratzeburg behilflich sei.

Meine Oma hatte Emma gebeten, sich einige Tage um ihre Mutter zu kümmern, bis sie eine Fahrgelegenheit für sie organisiert hätte, um sie dann zu sich zu holen. Es ging darum, dass meine Oma keinen zusätzlichen Schlafraum für ihre Mutter zur Verfügung hatte. Sie hatte nur eine Möglichkeit, in ihrem Wohnzimmer, das ziemlich groß war, in der hintersten Ecke ein Bett mit einem Paravent davor aufzustellen.

Meine Urgroßmutter war natürlich sehr traurig, dass sie ihr Heim aufgeben musste und nicht bei der Beerdigung ihres Mannes dabei sein konnte, weil der Friedhof für sie viel zu weit entfernt lag und sie nicht imstande war, den weiten Weg zu gehen. Die Beisetzung fand nur im engsten Familienkreis statt. Anschließend lud meine Oma die kleine Gesellschaft, bestehend aus einigen Verwandten, bei sich zu Hause auf einen Malzkaffee und Obstkuchen ein.

In den kommenden Tagen hatte meine Oma schwierige Verhandlungen mit Paulines Sohn. Er war für sie der Einzige, den sie kannte, der ihre Mutter nach Ratzeburg fahren konnte, aber um welchen Preis? Es gab nicht viel, was er noch nicht besaß. Womit konnte sie ihn bezahlen? Sie hatte die Idee, dass er eventuell einige Dinge aus dem Haushalt meiner Urgroßmutter brauchen könnte und sie damit mit ihm ins Geschäft käme. Aber meine Urgroßmutter führte er in seiner Kutsche persönlich ohne Bezahlung nach Ratzeburg, aus alter Freundschaft zwischen seiner Mutter und meiner Oma. Das vergaß meine Oma ihm nie.

Nachdem Uroma jetzt bei uns wohnte, konnte sich meine Oma leichter um die Auflösung des Haushaltes ihrer Mutter kümmern.

Sie suchte als Erstes die persönlichen Sachen ihrer Mutter zusammen, und dann schaute sie noch, ob auch etwas Brauchbares für sie dabei war. Und da gab es einiges: ein schönes Speise- und Kaffeeservice mit Veilchenmuster, einen alten Plattenspieler mit Trichter, eine sehr schöne Wanduhr und noch ein Vertiko, all das wollte sie zu sich nach Hause nehmen.

Wieder musste meine Oma mit Paulines Sohn verhandeln. Sie war von ihm und seinem Traktor für den Transport der Möbel abhängig. Darum bat sie ihn, sie in die Wohnung der Eltern zu begleiten, damit er sich umschauen konnte, ob nicht doch so viel Brauchbares für ihn dabei sei, dass der Transport damit beglichen wäre. Gnadenhalber ließ er sich dazu überreden.

Vor Ort fanden sie beim Durchschauen aller Kästen und Laden überraschend einen ungewöhnlich großen Lebensmittelvorrat in der Speisekammer. Massen an Einsiedegläsern, hängend geräucherter Speck, Eier, Obst, und in dem kleinen Kellerraum unter dem Boden der Speisekammer lagerten jede Menge Kartoffeln. Außerdem befand sich noch die große Miete mit dem geschnittenen Holz hinter dem Haus, das meine Oma unbedingt für sich beanspruchte.

Sie wurden sich einig und Karl, so hieß Paulines Sohn, erklärte sich einverstanden mit der Räumung der Wohnung und dass er meiner Oma die Sachen, die sie haben wollte, mit Traktor und Anhänger nach Ratzeburg führen würde, wenn er dafür den gesamten Rest der Einrichtung und einen Teil der Lebensmittel dazu bekäme.

Zum Schluss fiel ihm noch der alte Plattenspieler mit dem Trichter ins Auge und er meinte, diesen unbedingt als Draufgabe haben zu wollen. Aber gerade diesen wollte meine Oma für ihre Mutter als Andenken behalten. Es gab nämlich einige Schallplatten zu dem Plattenspieler mit Liedern drauf, die ihre

Mutter recht gerne mochte und bei denen sie auch gerne mitsang. An eines der Lieder kann ich mich sogar noch erinnern: „Kannst du pfeifen, Johanna, gewiss kann ich das …"

Alle Versuche, den Plattenspieler für uns zu retten, schlugen fehl. Karl beharrte auf diesem Plattenspieler und machte ihn zur Bedingung für den Transport der Möbel und all der anderen Dinge, die meine Oma für sich ausgesucht hatte. Was blieb ihr anderes übrig, als sich mit seinem Wunsch einverstanden zu erklären. Obwohl es Erpressung war, sie war von ihm abhängig und er stellte die Bedingungen.

Als sie handelseinig waren, vereinbarten sie einen Termin, an dem der Umzug stattfinden sollte. Um beim Aufladen der Möbel am besagten Tag behilflich zu sein, begleiteten Opa und Otto meine Oma als Verstärkung. Karl erwartete sie schon mit dem Traktor vor der Haustür. Er hatte auch einen Knecht dabei und war sichtlich erleichtert, als er zusätzlich noch meinen Opa und Otto sah.

Schließlich war es reine Schwerarbeit, weil außer den Möbeln noch das viele kostbare, schon geschnittene Holz zusätzlich aufgeladen werden musste. Auf das Holz wollte mein Opa auf keinen Fall verzichten, so musste er um einiges weniger heranschaffen und ersparte sich noch die mühselige Arbeit des Zerkleinerns.

Nach dem anstrengenden Beladen des Anhängers, der völlig überladen war, um sich eine weitere Fahrt zu ersparen, machten sie sich endlich auf den Weg nach Ratzeburg. Meine Oma durfte auf dem Zweitsitz des Traktors vorne sitzen. Opa und Otto mussten sich mit einem Platz hinten auf der Ladefläche des Anhängers begnügen. Nach einer sehr langsamen Fahrt näherten sie sich endlich dem Domhof – der Adresse meiner Großeltern. Jetzt kam die nächste Schwerarbeit auf sie zu. Sie hatten das gesamte Ladegut noch über die 58 Stufen hinunterzutragen.

Überraschenderweise war Karl uns behilflich. Seinen Knecht hatte er nicht auf die langwierige Fahrt nach Ratzeburg mitgenommen, sondern nach getaner Arbeit wieder nach Hause geschickt. Aber er wollte meinen armen Opa und die Frauen auf keinen Fall die schwere Schlepperei über die vielen Stufen alleine machen lassen. Darum bot er sich freiwillig an, ihnen zu helfen, was sehr anständig war.

Wir Kinder halfen fleißig mit, die leichten und kleinen Sachen hinunterzutragen. Ich weiß nicht, wie oft ich die Treppen rauf- und runtergelaufen bin, bis alles in die Wohnung getragen war. Auf alle Fälle hatten wir für die gesamte Aktion einen ganzen Tag gebraucht. Bis Karl endlich wieder heimwärts fahren konnte, war es inzwischen Abend geworden. Was aber keine Rolle spielte, weil es noch lange genug hell war für die Heimfahrt.

In der Zeit, in der meine Oma unterwegs war, versorgte Tante Erna den Haushalt alleine. Jetzt war ja noch zusätzlich meine Urgroßmutter bei uns, um die sie sich auch kümmern musste. Aber sie war keine große Belastung, weil sie ein bescheidener, anspruchsloser, liebenswerter Mensch war. Sie war noch voll beweglich, gesund und konnte sich zum größten Teil alleine versorgen.

Uroma half sogar bei kleineren Hausarbeiten mit, wie beim Kochen, Geschirrabwaschen oder auch Abtrocknen. Aber ihre absolute Lieblingsbeschäftigung war das Stricken. Sie versorgte uns Kinder immer mit wunderbaren, warmen Schafwollsocken und Fäustlingen für den Winter. Man kann wahrscheinlich nicht mehr zählen, wie viele Paar Socken sie in ihrem Leben schon gestrickt hatte.

Manchmal erzählte sie mir auch Geschichten aus ihrer Jugend in Schweden, die ich besonders gerne hörte. Sie war auch eine gute Märchenerzählerin. Eine Geschichte, die sie mir erzählte, begann damit, dass sie als junges Mädchen manchmal die Kühe hüten musste. Eines Tages sah sie einen Wolf auf sich zukommen und war ganz fürchterlich erschrocken. In ihrer Angst lief sie um ihr Leben. So schnell sie konnte, kletterte sie geschwind auf den erstbesten Baum, den sie erreichte. Das Herz schlug ihr bis zum Hals und sie wagte kaum zu atmen, da der Wolf unter dem Baum wartete.

Gebannt hörte ich ihr zu und fragte: „Wie bist du wieder vom Baum heruntergekommen, Uroma?" „Erst spät am Abend: Weil ich zu Hause vermisst wurde, haben mich mein Vater und meine Brüder gesucht und gefunden und dann nach Hause gebracht", sagte sie. Von dieser Geschichte war ich immer fasziniert und ließ sie mir deshalb öfter erzählen. Ob sie erfunden oder wirklich passiert war – das ist hier die Frage. Ich habe es nie erfahren.

Es begann schon wieder Herbst zu werden, und mit der Schule wurde es jetzt ernst. Mein Bruder erhielt leider zum ersten Schultag, wie sonst üblich, keine Schultüte. Aber er war nicht traurig, weil meine Oma es geschafft hatte, für ihn eine sehr schöne, nicht mehr ganz neue Schultasche zu besorgen. In der Tasche lagen zusätzlich noch ein Heft, ein Bleistift und drei Buntstifte. Mein Bruder freute sich sehr und war ganz stolz auf seine schöne Schultasche und vermisste dadurch die traditionelle Schultüte nicht.

Für uns Kinder begann jetzt wieder der Ernst des Lebens, und mit dem Kurzunterricht war es endgültig vorbei. Ich hatte mich schon an die Dauerferien gewöhnt. Am Anfang fiel mir das regelmäßige, frühe Aufstehen sogar recht schwer, und es dauerte einige Zeit, bis ich mich wieder daran gewöhnt hatte.

In dieser Zeit erhielt Tante Erna aus Hamburg die positive Nachricht, dass ihr eine Wohnung zugesprochen worden war. Also trat sie wieder die Reise dorthin an. Aber dieses Mal ohne mich, sie hatte nämlich die Absicht, Hermann zu treffen, und dabei brauchte sie mich nicht. Während sie in Hamburg war, gingen mein Bruder und ich nach der Schule zur Oma. Sie versorgte uns bis zur Rückkehr der Tante. Außerdem waren wir auch schon alt genug, einige Zeit für uns alleine zu sorgen. Aber Tante Erna war rechtzeitig, bevor wir am Abend schlafen gingen, wieder zurück.

Sie erzählte mir noch, wie ihr Tag in Hamburg verlaufen war. Die jetzige Wohnung, die ihr zugesprochen worden war, lag ganz in der Nähe ihrer ehemaligen – im Stadtteil Hammerdeich. Es war eine Parterrewohnung, die sich in einem nicht vollkommen heilen Haus befand. Sie bestand aus zwei Zimmern, einer Küche und sogar einem Klo im Vorzimmer. Sehr erfreut erzählte sie mir noch, dass auch Hermann eine Wohnung, nicht allzu weit von ihr entfernt, bekommen hatte. Tante Erna schien mit dem Ergebnis dieses Tages voll zufrieden zu sein.

1946 war noch nicht zu Ende. Eines schönen Tages kam Frau Lang total verzweifelt zu meiner Tante und bat sie um ein Gespräch unter vier Augen, welches sie ihr auch gerne gewährte. Was sie ihr mitzuteilen hatte, war so katastrophal für sie, dass sie keinen Ausweg für sich sah. Das Abenteuer mit ihrem Kavalier war nämlich nicht ohne Folgen geblieben. Aber die wirkliche Katastrophe lag darin, dass sie genau zu diesem Zeitpunkt von ihrem vermissten Mann die erste Nachricht erhalten hatte, dass er noch am Leben sei. Dadurch befand sie sich in einer verzwickten Lage, aus der sie keinen Ausweg sah. Außerdem hatte sie keinen Menschen hier, mit dem sie sich in ihrer Verzweiflung hätte aussprechen können. Meine Tante war sozusagen die Einzige, der sie sich in ihrer Not anzuvertrauen wagte. Ihre größte Angst bestand darin, dass ihr Mann eventuell noch vor der Geburt des Kindes aus der Gefangenschaft entlassen werden könnte. Sie kannte ihn genau und wusste, dass er sich sofort von ihr trennen würde, wenn er von dem Kind erfuhr, und ihren gemeinsamen Sohn, den Heinz, würde er auch mitnehmen.

Tante Erna versuchte, die tränenüberströmte, schluchzende Frau Lang zu trösten und meinte: „Es gibt immer einen Ausweg, man muss nur gut überlegen, welcher in diesem Fall der beste ist." Dann wollte sie noch wissen, zu welchem Zeitpunkt das Kind auf die Welt kommen würde. „Im Frühling", antwortete Frau Lang weinerlich. „Dann haben wir noch genügend Zeit, um uns eine Lösung einfallen zu lassen. Ich werde mir überlegen, wie ich Ihnen behilflich sein kann. Wenn ich Sie recht verstanden habe, so wollen Sie das Kind auf keinen Fall behalten, und wir müssen uns eventuell um Adoptiveltern umschauen", meinte meine Tante.

Frau Lang war erleichtert über das Verständnis meiner Tante und deren Hilfsbereitschaft in ihrer verzweifelten Lage. Außerdem war ihr größter Wunsch, dass ihr Sohn von der ganzen Misere möglichst nichts mitbekommen sollte. Wenn möglich, wollte sie die Schwangerschaft vor ihm geheim halten. Er war noch ein sehr verspieltes Kind, dem es sicher nicht auffallen würde, wenn seine Mutter einige Kilo zunahm.

„Das Beste ist, wir überschlafen das Ganze erst einmal, und morgen sehen wir weiter", meinte Tante Erna. Frau Lang war erleichtert und dankbar, dass meine Tante ihr so lange zugehört hatte. Nach dem Gespräch fühlte sie sich schon viel besser und hegte die Hoffnung, in dieser Nacht vielleicht doch noch ein wenig Schlaf finden zu können.

Nach dem langen Gespräch mit Frau Lang machte Tante Erna in der darauffolgenden Nacht fast kein Auge zu. Ihre Gedanken beschäftigten sie so sehr, eine Lösung für die dramatische Lage zu finden. Dabei fiel ihr ein etwas absurder Gedanke ein, den sie immer wieder in Erwägung zog. Es stellte sich nur die Frage, wie sie ihre Idee in die Tat umsetzen könnte. Sie hatte sich nämlich mit dem Gedanken befasst, ob sie das Kind nicht selber nehmen sollte. Eigene Kinder hatte sie nicht, und wenn sie dieses von Geburt an aufziehen würde, wäre es wie ein eigenes, dachte sie bei sich.

Eine eigene kleine Wohnung hatte sie ja in Hamburg schon zur Verfügung, wo sie ohne Weiteres mit einem Kind leben könnte – und alleine wäre sie auch nicht. Der Gedanke gefiel ihr sehr gut. Aber wie sollte sie es ihrer Mutter klarmachen, dass sie die Absicht hatte, das Kind eines Besatzungssoldaten zu adoptieren. Sie wusste genau, dass ihre Mutter alles versuchen würde, ihr diese Idee auszureden. Für eine Adoption benötigte man zur Familiengründung auch einen Vater, der nicht vorhanden war. Das war ein weiteres Hindernis.

Dabei musste sie sofort an Hermann denken. Schließlich hatte er sie doch bei ihrem letzten gemeinsamen Treffen gefragt, ob sie sich nicht verloben wollten. Tante Erna hatte sich damit einverstanden erklärt, weil sie ihn schon von früher kannte und ihn auch mochte. Aber ob er mit dem Kind einverstanden wäre, das war hier wirklich die Frage. Auf alle Fälle hatte sie sich mit dem Gedanken schon einmal angefreundet, dieses Kind eventuell zu nehmen.

In der Zeit, in der wir Kinder in der Schule waren, konnten Frau Lang und meine Tante ihr Gespräch vom vorhergehenden Abend ungestört fortsetzen. Über den Vorschlag, den meine Tante ihr machte, war sie sehr überrascht. Sie hätte nie gewagt, ihr so etwas vorzuschlagen, und umarmte sie spontan. „Ich würde Sie nur bitten, auf keinen Fall mit irgendjemandem darüber zu reden, noch bleibt es unser Geheimnis", sagte meine Tante. Frau Lang war so glücklich bei dem Gedanken, ihr Kind würde gut versorgt sein, dass sie ihr alles versprach. Von da an waren sie Verbündete.

Der Herbst hatte begonnen, und alles drehte sich wieder, wie immer, um die Vorratsbeschaffung für den Winter. Oma, Uroma und Tante Erna waren wieder voll mit dem Einkochen beschäftigt, und mein Opa kümmerte sich ums Heizmaterial. Die Wäsche von einigen Soldaten wurde der Seife und Zigaretten wegen nach wie vor von Oma und Tante gewaschen. Auf alle Fälle waren wir auf den Winter wieder sehr gut vorbereitet, und zusätzlich hatten wir auch noch die Vorräte von Uroma zur Verfügung.

Unseretwegen konnte Tante Erna nur noch am Vormittag bei ihrer Mutter mitarbeiten. Als Schulanfänger benötigte mein Bruder unbedingt ihre Hilfe. Ich hatte genauso meine Schulaufgaben zu machen, und so waren wir nachmittags fast immer in unserer Stadtwohnung. Durch das vermehrte Beisammensein mit unserer Tante waren unsere Bande mit der Zeit ziemlich eng geworden. Aber trotzdem wartete sie im Innersten auf die erlsösende Nachricht von meinem Vater, dass er endlich heimkehren würde, damit sie wieder nach Hamburg ziehen könnte.

Er schrieb zwar recht oft zensierte Briefe, aber nie kam ein Wort einer möglichen Entlassung darin vor. Den Briefkontakt zu ihm hielt meine Oma aufrecht und jeden Brief, den sie an ihn schrieb, ließ sie mich zum Abschluss mit einigen Worten unterschreiben, worüber er sehr erfreut war und mir sogar einmal einen eigenen kurzen Brief beilegte.

Diese Worte kamen eigentlich von einem für mich völlig fremden Mann, den ich ungefähr vor vier Jahren das letzte Mal gesehen hatte. Natürlich konnte ich mich noch an ihn erinnern, aber nach der langen Zeit war er nicht mehr wirklich real. Ihm ging es sicher nicht besser. Er hatte mich sicher so in Erinnerung, wie er mich bei seinem letzten Fronturlaub gesehen hatte.

Schön langsam begann es wieder kalt zu werden, und bevor der See richtig zugefroren war, strandete bei uns am größeren Steg ein kleines Segelboot. Wir Kinder waren dankbar für dieses Geschenk und nahmen es sofort in Beschlag. Zu unserer großen

Freude hatte das Boot auch eine Kajüte, in der wir uns aufhalten konnten. Wir hatten nur den einen Wunsch, dass dieses Boot nicht allzu schnell gefunden würde, damit wir es recht lange zum Benutzen hatten. Das Glück war uns hold, der See fror zu und das Boot war eingefroren und konnte somit nicht mehr abgeholt werden, bevor der See wieder auftaute. Darum hatten wir unser Seeräubernest den ganzen Winter über zur Verfügung.

In der Kajüte konnten die Buben ungestört rauchen. Jeder von ihnen organisierte irgendetwas Rauchbares. Otto hatte einige von Opas Tabakblättern organisiert und außerdem hatte er sogar eine ganze Schachtel Zigaretten dabei, die er beim Liefern der Wäsche von einem der Soldaten für kleinere Gefälligkeiten zusätzlich erhalten hatte. Die anderen Buben leisteten auf ähnliche Weise ihren Rauchbeitrag. Ich kann nur sagen, die Luft in dem kleinen Raum war zum Schneiden, aber wir kamen uns alle unheimlich erwachsen vor und haben jeden Tag, an dem wir in diesem Boot waren, im wahrsten Sinne des Wortes in vollen Zügen miteinander genossen.

Es dauerte nicht lange und Weihnachten stand wieder vor der Tür, und wir erhielten von Alfred ein zweites Mal ein Paket aus Schweden. Natürlich hatte Frau Pütscher wieder davon erfahren und bat mich, als wir uns zufällig auf der Straße begegneten, der Oma einen schönen Gruß auszurichten, und sie möge doch bitte wieder an sie denken – wegen des Kaffees. Meine Oma vergaß diese dankbare ältere Dame auf keinen Fall, schließlich war sie immer eine ihrer treuesten Kundinnen, mit der sie es sich nicht verscherzen wollte.

Eine andere großartige Überraschung sollte uns noch erreichen. Bei uns traf ein Paket aus Frankreich ein, von dem wir uns keinen Reim machen konnten. Der Einzige, den wir in Frankreich wussten – war mein Vater. Aber der war in der Gefangenschaft und besaß nichts, was sollte er uns schon schicken? Dann aber der Absender – es war eindeutig mein Vater. Jetzt waren wir alle sehr neugierig, was er da an uns geschickt hatte.

Wir staunten nicht schlecht, was wir zu sehen bekamen. Es war ein außergewöhnlich schönes Lastauto für meinen Bruder, das mein Vater in seiner Freizeit für ihn geschnitzt hatte. Auf der Einstiegstür des Lasters stand in wunderschönen Buchstaben der Name meines Bruders – Dieter Knüpfer, Ratzeburg – geschrieben. Wir schauten einander sprachlos an, aber einer jubilierte: mein Bruder. Er war vor Freude völlig aus dem Häuschen, und wir freuten uns natürlich mit ihm. Was mein Vater da zustande gebracht hatte, war ein absolutes Meisterstück. Das ganze Auto war aus einem einzigen Stück Holz geschnitzt, es hatte sogar Zwillingsräder und war außerdem noch wunderschön zweifarbig lackiert.

Meinem Bruder war der Vater genauso fremd wie mir. Er hatte überhaupt keine Erinnerung mehr an ihn und kannte ihn nur von Fotos. Durch das Auto, das er von ihm bekommen hatte, war er zumindest in seiner Fantasie für ihn präsent. Voller Stolz erzählte er jedem gerne: „Das Auto habe ich von meinem Papa bekommen!"

In diesem Jahr war der Heilige Abend für uns eher ein trauriger Abend aus gegebenem Anlass – durch das Fehlen meiner Mutter. Es kam auch keine Weihnachtsstimmung auf. Nach dem Friedhofbesuch war die gesamte Familie noch gemeinsam in der Kirche, ohne auch hier den geringsten Trost zu finden.

Am ersten Feiertag ging es uns schon ein wenig besser, weil wir durch verschiedene Aktivitäten abgelenkt wurden. Zu Mittag waren wir, wie immer zu den Feiertagen, bei den Großeltern zum Essen eingeladen. Um uns nützlich zu machen, gingen wir schon ein wenig früher zu ihnen.

Meiner Oma war es nämlich über Pauline gelungen, von ihrem Sohn für uns zu Weihnachten eine Gans einzutauschen. Für die Zubereitung mit allem Drum und Dran bedurfte es sehr viel Arbeit. Uroma hatte ihr schon fleißig beim Rotkohl- und Zwiebelschneiden geholfen, sodass die meiste Arbeit schon getan war. Tante Erna und ich übernahmen das Decken des Tisches sowie das Servieren.

Zu der Gans waren wir nämlich unfreiwillig gekommen. Zwei Tage vor Weihnachten waren dem Opa fast alle Kaninchen gestohlen worden. Die Diebe waren in der Nacht unbemerkt übers Eis gekommen und hatten sich ihren Weihnachtsbraten bei uns geholt. Wir konnten nur von Glück sagen, dass sie wahrscheinlich wegen der Dunkelheit nicht alle entdeckt hatten. Den Restbestand benötigte mein Opa für die Nachzucht, und diesem Unglück verdankten wir unseren Gänsebraten, der übrigens ausgezeichnet schmeckte.

Die Weihnachtsferien habe ich hauptsächlich in unserer Clique mit Schlittschuhlaufen oder auf unserem erbeuteten Schiff verbracht. An den Jahreswechsel habe ich nicht die geringste Erinnerung. Aber wenn ich so zurückdenke, begann sich im Jahr 1947 eine ganz langsame Verbesserung der gesamten Situation zu entwickeln.

1947

Die Stadtgemeinde hatte begonnen, die Straßen zu sanieren, den Marktplatz mit Blumen zu verschönern, im Park wurden wieder Blumenrabatte angelegt, und für all diese Arbeiten wurden Hilfskräfte benötigt. Von den wenigen älteren, arbeitsfähigen Männern, die zur Verfügung standen, wurden einige ausgesucht, und einer davon war mein Opa. Bei der damaligen Arbeitslosigkeit, und noch dazu in seinem Alter, bei der Gemeinde angestellt zu werden, war ein außergewöhnlicher Glücksfall. Mein Großvater arbeitete dort bis zu seiner Pensionierung.

Sogar bei der Bevölkerung hatte man das Gefühl, dass sie langsam Hoffnung schöpfte. Die Menschen wurden aktiver, sie begannen an Äußerlichkeiten zu denken und kleideten sich wieder farbenfreudiger. Im Kaufhaus auf dem Marktplatz gab es schon mehr Ware, und man wagte sogar wieder, einen Blick ins Schaufenster zu werfen.

Auch Familie Hoffmann hatte einen Sprung in die Zukunft gewagt. In einem alten Schuppen hatte Herr Hoffmann eine Tischlerwerkstatt eröffnet, die hauptsächlich für Reparaturen gedacht war. Er dürfte auch künstlerisch begabt gewesen sein, denn er hatte die Idee, aus Holz Bernsteinketten zu fabrizieren. Helle und dunkle Ketten im klassischen Stil verlaufend, von der kleinen bis zur großen Perle. Die einzelnen Perlen waren so schön gefertigt, dass sie aus einiger Entfernung verblüffend echt aussahen. Diese Ketten kamen bei den Frauen gut an und sollten ein großer Erfolg werden.

Frau Hoffmann übernahm nach wie vor Näharbeiten jeglicher Art gegen Lebensmittel. Die Familie Hoffmann war eine der ersten Familien in Ratzeburg, die es in dieser Zeit zu einem geringen Wohlstand gebracht hatte. Dazu sei erwähnt, dass Frau Hoffmann den Status einer Art Mutter Theresa genoss. Sie war sehr großzügig und half jenen, die es am allernötigsten brauchten.

Inzwischen war mir aufgefallen, dass Frau Lang um einiges stärker geworden war, aber ich verstand den Zusammenhang nicht. Ich wäre nie auf die Idee gekommen, dass sie ein Kind erwarten würde. Meine Kenntnisse auf dem Gebiet waren noch ein wenig naiv. Aufgeklärt wurde ich von meiner Tante, da der Termin der Geburt schon langsam näher rückte, und sie wollte mich über ihre Absicht, dass Kind zu nehmen, in Kenntnis setzen.

Ich fiel aus allen Wolken, als ich diese Neuigkeit vernahm, und fragte sie natürlich: „Warum behält Frau Lang ihr Kind nicht selber, warum will sie es dir geben?" Für Tante Erna war es nicht leicht, mich über den genauen Sachverhalt zu unterrichten, damit ich die Zusammenhänge besser verstehen würde. „Sie hat ihren Mann, also – mit einem anderen Mann betrogen?", fragte ich. „So ist es", antwortete sie. „Aber warum willst du das Kind nehmen, du hast doch uns", meinte ich. „Du weißt, wenn dein Vater wieder nach Hause kommt, ziehe ich zurück nach Hamburg und wäre dann nicht so allein", antwortete sie.

Ich war ziemlich durcheinander und von so vielen Neuigkeiten auf einmal völlig überfordert. Wie sollte ich das auch verstehen? Dann fragte ich noch: „Weiß Heinz, dass seine Mutter ein Baby erwartet?" „Noch nicht, und wenn möglich, soll er es auch nicht erfahren, damit er seinem Vater nichts weitererzählen kann. Darum werde ich das Kind auch gleich nach der Geburt zu mir nehmen", sagte meine Tante.

Den genauen Zeitpunkt der Geburt weiß ich heute leider nicht mehr. Auf alle Fälle war das Wetter schon sehr schön, also könnte es im Mai gewesen sein. Eines Tages, als es endlich so weit war und ich von meiner Tante erfuhr, dass das Baby demnächst kommen würde, fragte ich sie, ob ich es meinen Freundinnen erzählen dürfe. So ein Ereignis geschah schließlich nicht alle Tage, und noch dazu im eigenen Haus, darum wollte ich auch unbedingt mit meinen Freundinnen anwesend sein.

Als es endlich so weit war, verständigte ich sogleich meine Freundinnen, was mir meine Tante erlaubt hatte. Ich erinnere mich, dass mein Bruder und Heinz nicht anwesend waren, weiß allerdings nicht mehr, wo man sie untergebracht hatte. Wichtig war nur, dass sie nicht anwesend waren. Eine Hebamme sowie meine Tante standen Frau Lang bei der Geburt zur Seite.

In der Zeit des Wartens hatten sich Ilse, Hildegard und ich mich auf die Bodentreppe gesetzt, um den großen Augenblick nicht zu verpassen. Wir wollten auf alle Fälle ganz nahe am Geschehen sein und hatten deshalb die Bodentreppe zum Sitzen gewählt, weil sie im Stiegenhaus in unmittelbarer Nähe von Frau Langs Wohnungstür lag. Dort saßen wir nun ziemlich angespannt und horchten auf jedes noch so kleine Geräusch.

Geduldig lauernd wurden wir einige Stunden auf die Folter gespannt, bis der erste, erlösende, zaghafte Schrei ertönte. Aus unserer Anspannung herausgerissen, sprangen wir von unseren Sitzplätzen auf, fielen einander in die Arme und freuten uns über diesen großartigen Moment, den wir hautnah miterlebt hatten. Leider mussten wir uns noch einmal in Geduld fassen, bis wir das Baby endlich sehen durften.

Aber dann wurde unser langes, geduldiges Warten belohnt. Die Tür öffnete sich und wir durften den Raum betreten, wo die Mutter mit ihrem neugeborenen Kind im Arm im Bett lag. Ergriffen standen wir da und bestaunten dieses gerade mal eine knappe Stunde alte Wunderwerk eines neugeborenen Menschenkindes. Ein unbeschreiblich schöner Anblick, der sich uns darbot. Vor Rührung kamen uns fast die Tränen, und wir konnten uns nicht satt sehen an dem entzückenden, süßen Baby.

Dann packte uns aber doch die Neugierde, und wir wollten wissen, was es denn sei? Bub oder Mädchen? Es war ein herziges kleines Mädchen – mit vielen schwarzen Haaren auf dem Kopf. Die Augen hatte es leider geschlossen, sodass man die Augenfarbe nicht erkennen konnte. Wir konnten uns gar nicht genügend satt sehen an diesem süßen Wonneproppen. Es war ein sehr einschneidendes Erlebnis in meinem Leben, das ich nie vergessen habe.

Für meine Tante begann jetzt eine anstrengende Zeit. In einem Wäschekorb nahm sie das Baby zu sich und kümmerte sich rund um die Uhr um die Kleine. In der Nacht hatte sie den Korb mit dem Baby neben ihrem Bett stehen, sodass sie es mit der Flasche versorgen konnte, falls es Hunger hatte. Die Muttermilch fürs Baby erhielt sie regelmäßig abgepumpt von der Mutter, welche auch noch einige Tage mitversorgt werden musste, auch das übernahm meine Tante.

Mein Bruder und Heinz hatten von der ganzen Aktion nichts mitbekommen. Heinz wurde erzählt, dass seine Mutter einige Tage im Bett bleiben müsse, weil sie krank sei. Mein Bruder allerdings stellte sehr wohl die Frage, woher Tante Erna das Baby hätte? Sie beruhigte ihn mit den Worten, dass sie nur einige Zeit auf das Baby aufpassen würde, weil seine Mutter krank sei. Dieter war mit der Antwort zufrieden und stellte zum Glück keine weiteren Fragen mehr.

Das größere Problem, das auf meine Tante zukam, war ihre Mutter, die noch vollkommen ahnungslos war, also von ihrem neu erworbenen Enkelkind nichts wusste. Aber irgendwann musste sie es ihr doch sagen, konnte momentan aber nicht zu ihr gehen, da sie noch keinen Wagen für Maike hatte. Diesen Namen hatte meine Tante ihr gegeben. Ein zwei Tage altes Baby wollte sie auf keinen Fall alleine lassen, und der Mutter wollte sie es wegen des Trennungsschmerzes nicht überlassen. Es war besser für beide, keine Beziehung zueinander aufzubauen. Darum war es vorrangig, erst einmal einen Kinderwagen für Maike anzuschaffen, damit sie sie überallhin mitnehmen konnte.

Ich hatte eine glorreiche Idee, die ich meiner Tante vorschlug. Mein alter Puppenwagen war ziemlich groß und in diesem hätte Maike bequem Platz, bis meine Tante einen Wagen für sie organisiert hätte. „Den Wagen kann ich schieben und du gehst nebenher", sagte ich zu ihr. Diesen Vorschlag verstand sie als Scherz und nahm ihn natürlich nicht an. Aber sie bat mich, am Nachmittag nach dem Schulunterricht bei Maike zu bleiben, damit sie in aller Ruhe mit ihrer Mutter über Maike reden konnte.

Mit ziemlich gemischten Gefühlen machte sie sich auf den Weg. Als sie die Wohnung ihrer Mutter betrat, kam diese ihr nach einer liebevollen Begrüßung mit der Frage entgegen: „Warst du krank, dass du zwei ganze Tage nicht gekommen bist?" „Nein, krank war ich nicht, aber in meinem Leben hat sich eine einschneidende Veränderung ergeben", antwortete sie. „Was ist denn passiert, was so einschneidend ist?", fragte sie nach, Dann erzählte meine Tante ihrer Mutter die ganze Geschichte von Frau Lang, und dass sie das Kind als Pflegekind übernommen hatte.

Auf alles war meine Oma gefasst, aber auf so einen verrückten Gedanken wäre sie nie gekommen. Natürlich war sie sprachlos und drohte: „Hast du dir das auch gut überlegt, was du dir da zumutest in diesen unsicheren Zeiten?" „Natürlich habe ich mir alles gut überlegt, und ich weiß, was mich erwartet. Trotzdem will ich das Kind behalten", antwortete sie. „Hattest du nicht gesagt, dass du und Hermann wahrscheinlich heiraten wollt? Weißt du, ob er bereit sein wird, das Kind eines Besatzungssoldaten aufzuziehen?", fragte meine Oma. „Ich werde mit ihm darüber reden, und vielleicht ist er damit einverstanden", hoffte Tante Erna. „Nun gut, es ist deine Entscheidung und du bist alt genug, dass du weißt, was du tust", erwiderte meine Oma.

Das Kapitel war abgeschlossen und meine Tante kam erleichtert wieder nach Hause. Sie erzählte mir den Ablauf ihres Gespräches mit ihrer Mutter und war sichtlich froh, dass sie es hinter sich gebracht hatte. Es tat meiner Tante anscheinend gut, sich bei mir aussprechen zu können. Ich war alt genug, um zu verstehen, dass der Wunsch nach einem eigenen Kind bei ihr da war. Den Unterschied eines Kindes von einem Besatzungssoldaten oder einem anderen Mann verstand ich zu diesem Zeitpunkt sowieso nicht. Mir war das völlig egal. Für mich war Maike ganz einfach ein süßes Baby und der Rest interessierte mich nicht.

Einen Kinderwagen zu finden, war doch nicht so einfach, wie meine Tante dachte. Nach längerem Suchen hatte sie endlich eine Frau ausfindig gemacht, die einen offenen Sportwagen besaß. Sie war Witwe und alleinerziehende Mutter von drei Kindern, die ständig hungrig waren. Sie war keine Raucherin und deshalb war sie für ihre halbwüchsigen, ewig hungrigen Kinder ausschließlich an Lebensmitteln interessiert.

Mit Lebensmitteln konnte meine Tante leider nicht dienen. Diese Reserven hatte nur meine Oma zur Verfügung durch ihr unvergleichliches Netzwerk. Schließlich versorgte sie auch uns immer noch zusätzlich. Nur allein der Gedanke, dass sie ihre Mutter des Wagens wegen um Hilfe bitten müsste, war ihr zuwider. Aber sie musste sich entscheiden, was wichtiger für sie war – ihr Stolz – oder der Kinderwagen? „Sie entschied sich für den Kinderwagen."

Also bat sie ihre Mutter, ohne lange um den heißen Brei herumzureden, um Hilfe für den Kinderwagen. Meine Oma überlegte sehr genau, welche Antwort sie ihrer Tochter geben würde. Sie wusste, dass sie ihren einmal gefassten Entschluss, das Kind zu behalten, nicht mehr ändern und mit Sicherheit ohne Wagen auf längere Zeit nicht mehr zu ihr kommen würde. Darum überwand sie ihren Widerwillen und sagte: „Ich werde schauen, was wir entbehren können, damit du dir den Kinderwagen eintauschen kannst."

Mit diesem schnellen Entgegenkommen ihrer Mutter hatte meine Tante nicht gerechnet und sie war einigermaßen überrascht. Ihr war auch vollkommen egal, aus welchem Grund sie ihr helfen wollte. Sie umarmte ihre Mutter und bedankte sich herzlich, dass sie ihr die Menge an Lebensmitteln gab, die sie für den Tausch des Kinderwagens benötigte.

Gleich auf dem Heimweg ging sie den Wagen eintauschen und kam freudestrahlend mit ihm nach Hause. Der schönste war er wirklich nicht mehr, aber er würde seinen Zweck noch erfüllen. Damit Maike, wenn der Wagen auch nicht mehr schön war, zumindest in schönen Kissen und Decken liegen konnte, wurde bei uns in jeder freien Minute nur mehr gehäkelt, gestrickt und genäht. Die kleine Prinzessin sollte es gut haben und wurde von uns gehätschelt und verwöhnt.

Frau Langs Ängste waren verflogen, nachdem ihr Sohn nicht mitbekommen hatte, dass das neugeborene Baby seine Schwester war. Nur einmal fragte er mich so nebenbei, woher meine Tante denn auf einmal ein Baby hätte. Ich habe aber nichts verraten und zu ihm gesagt: „Meine Tante hat das Baby nur in Pflege genommen." Mit dieser Aussage war er zufrieden.

Zwei Monate nach Maikes Geburt meldete sich der Mann von Frau Lang und teilte ihr mit, dass er in der nächsten Zeit aus der

Gefangenschaft entlassen würde und sie und den Sohn abholen käme.

Kaum zwei Wochen später war er überraschend da. Ein sehr netter und liebenswürdiger Mann, der sich unendlich freute, seine Familie endlich wieder in den Armen halten zu dürfen. Innerhalb von zwei Tagen hatten sie alles erledigt. Die Abmeldung beim Wohnungsamt, und die wenigen Habseligkeiten, die sie besaßen, hatten sie schnell gepackt. Was sich sonst noch in den zwei Zimmern befand, gehörte uns. Wohin die Familie Lang gezogen war, ist mir nicht bekannt. Ich kann mich nur erinnern, dass wir beim Abschiednehmen voneinander sehr traurig waren. Besonders mein Bruder, der in Heinz einen lieben Freund verlor, dem er noch einige Zeit nachtrauerte.

Die frei gewordenen Zimmer sollten aber nicht allzu lange leer stehen. Schon einige Tage, nachdem Familie Lang ausgezogen war, zog eine Familie Heinz bei uns ein. Ein älteres Ehepaar mit zwei erwachsenen Kindern. Zu viert waren die zwei Zimmer sicher sehr beengend. Aber diese armen Menschen, die ihr Heim verloren hatten, waren sehr bescheiden, dankbar und froh, ein Dach über dem Kopf zu haben. Nur für uns war es eine totale Umstellung, uns von Familie Lang an Familie Heinz zu gewöhnen.

Meine Oma hatte sich inzwischen wohl oder übel an Maike gewöhnt und sich damit abgefunden, dass sie bei jedem Besuch dabei war. Sie war ein echter Sonnenschein, und wir hatten sie alle sehr lieb. Eines Tages überraschte uns Hermann wieder einmal mit seinem Besuch. Er besuchte meine Tante regelmäßig circa einmal im Monat. Nicht ahnend, welche Neuigkeiten ihn erwarten würden. Die Begrüßung verlief wie immer sehr herzlich, und inzwischen freuten wir uns sogar über seine überraschenden Besuche. Es gab auch keine Möglichkeit, einen Besuch vorher anzukündigen. Wer hatte schon ein Telefon in dieser Zeit? Eventuell einige Geschäftsleute, aber kein Durchschnittsbürger.

Auf den Stühlen einer Gartengarnitur hinter dem Haus setzten wir uns zur gemütlichen Unterhaltung nieder. Meine Oma bot wie immer das gleiche Getränk an, hausgemachten Himbeersaft und dazu Uromas gutes Milchbrot, welches sie für uns buk. Mitten in der netten Unterhaltung hielt Hermann plötzlich inne, weil ihm der Kinderwagen aufgefallen war, der nicht weit von uns entfernt stand. „Wem gehört denn das süße Baby?", fragte er. Worauf meine Tante sagte: „Darüber wollte ich noch mit dir reden, Hermann – aber alleine. Setzen wir uns wieder auf die Bank am See, damit wir uns ungestört miteinander unterhalten können."

Meine Tante erzählte ihm die Geschichte von Frau Lang, und dass sie sich des Kindes angenommen habe, weil es ihr Wunsch war, ein eigenes Kind aufzuziehen. „Das kann doch wohl nicht dein Ernst sein? Hast du dir das auch gut überlegt? Erna, es tut mir leid, aber erwarte bitte nicht von mir, das fremde Kind aufzuziehen, noch dazu – von einem Besatzungssoldaten. Mit dem Kind hat es nichts zu tun! Das kann nichts dafür! Ich habe auch nichts gegen das Kind, aber ich lehne es entschieden ab, es aufzuziehen. Es tut mir leid, aber du musst dich entscheiden – das Kind oder ich." „Ich kann mich aber nicht sofort entscheiden, bitte lass mir ein wenig Zeit", bat meine Tante. „Wenn du es dir überlegt hast, lass es mich wissen, welche Entscheidung du getroffen hast. Ich erwarte eine baldige Nachricht von dir", meinte Herrmann.

Nach dem klärenden Gespräch gesellten sie sich wieder zu den anderen Familienmitgliedern. Sie ließen sich ihre Verstimmung nicht anmerken, sodass der Nachmittag bis zu Hermanns Abschied doch noch harmonisch verlief.

Kaum dass Hermann fort war, bekam meine Tante einen heftigen Weinkrampf. Im Innersten hatte sie es geahnt, dass er mit dem Kind nicht einverstanden sein würde. Aber trotzdem hatte sie gehofft, dass sie sich irrte. Sie wusste genau, dass sie sich etwas vorgemacht hatte. Es war eben ein Wunschtraum von ihr, der nicht in Erfüllung ging. Meine Oma und ich versuchten, sie zu trösten, was uns mit einigem guten Zureden auch gelang.

In der nächsten Zeit sah man meine Tante nur mit verweinten Augen herumlaufen. Sie tat mir so leid, aber diese schwere Entscheidung konnte ihr keiner abnehmen. An einem Tag entschied sie sich für Hermann – und den nächsten wieder für Maike. Sie schaffte es nicht, einen klaren Entschluss zu fassen, und schob die Entscheidung vor sich her. Aber diese sollte ihr durch ein schicksalhaftes Ereignis in weiterer Folge abgenommen werden.

Maike erkrankte an einem schweren Keuchhusten. Meine Tante trug sie fast nur noch auf dem Arm herum und bekam kaum noch Schlaf. Natürlich war sie mit ihr beim Arzt, und die Medizin, die er ihr verschrieben hatte, linderte den Husten schon ein wenig. Aber sie war halt noch ein kleines Baby mit ihren drei Monaten, sodass jeder Hustenanfall den kleinen Körper schrecklich hernahm. Dies mit ansehen zu müssen und nicht helfen zu können, war für uns sehr deprimierend. Wir litten alle schrecklich mit ihr.

Manchmal war sie schon mehr drüben als hier, und ihr Leben hing nur noch an einem seidenen Faden. Aber meine Tante gab den Kampf um das Überleben der Kleinen in keinem Moment auf. Mit einer unglaublichen Hartnäckigkeit und Ausdauer setzte sie alle ihre Kräfte für Maikes Überleben ein. Oft war sie selber völlig erschöpft, und man sah es ihr inzwischen auch an. Von der ständigen Übernächtigung hatte sie tiefe Ringe unter den Augen, aber trotzdem gab sie ihren Kampf nicht auf.

Nach circa zwei Wochen trat endlich die erste Besserung ein, und die Hustenanfälle kamen nur noch in größeren Abständen. Trotzdem war nicht alles überwunden, denn trotz der leichten

Verbesserung war sie auf keinen Fall über dem Berg. Aber es bestand schon ein kleiner Hoffnungsschimmer und meiner Tante ging es wesentlich besser. Sie begann wieder, nach vorne zu schauen.

Es sollte sich aber noch eine andere unangenehme Begegnung ergeben. Als Tante Erna mit Maike bei ihrer Mutter eintraf, hatte diese Besuch von Karl. Er war gekommen, um seinen Zigarettenvorrat bei meiner Oma wieder aufzufüllen, und seine Mutter Pauline, die Freundin meiner Oma, benötigte wieder Seife. Als Tauschware hatte Karl Wurst, Fleisch und Eier für uns mitgebracht. So geschah es, während Oma und Karl verhandelten, dass meine Tante zur Tür hereinkam.

Als Karl meine Tante mit dem Baby im Arm erblickte, stellte er die unverschämte Frage: „Woher hast du denn das Baby, das du da herumschleppst?" „Das ist mein Kind, falls es dich interessiert", antwortete sie ein wenig patzig. „Seit wann hast du denn ein Kind?", hakte er nach. „Warum willst du das wissen, das ist doch wohl meine Angelegenheit", antwortete sie. „Ich hab mich nur gewundert. Als wir uns das letzte Mal gesehen haben, hattest du noch kein Kind, darum hat's mich eben gewundert, woher du dieses auf einmal hast", meinte Karl.

Aus welchem Grund auch immer, plötzlich begann Maike heftig zu husten. Es klang wie ein Erstickungsanfall. Tante Erna versuchte, ihr durch leichtes Klopfen im Rücken Erleichterung zu verschaffen. Karl, der im Sessel Platz genommen hatte, schüttelte nur mit dem Kopf und hakte noch einmal nach: „Woher hast du nur dieses Kind? So wie das hustet, wirst du es nie durchbringen! Das krepiert dir ja schon jetzt unter der Hand!"

Das war eine Aussage, die meine Tante zutiefst verletzte. „Es wäre schön, wenn du endlich einmal deinen dummen Mund halten würdest. Was verstehst du schon von Kindern! Die Kleine hat Keuchhusten und ist übrigens schon auf dem Weg der Besserung!

Halte dich gefälligst aus meinen Angelegenheiten heraus, wenn ich dich bitten darf!", schrie meine Tante ihn an. „Wenn du die durchbringst, fresse ich einen Besen", sagte er großspurig. „Den werde ich dir persönlich servieren, und ich hoffe, dass du daran erstickst!", konterte sie wütend.

Plötzlich war er ruhig und versuchte, einzulenken. „Sei nicht beleidigt", sagte er. „Du kennst mich doch und weißt, dass ich manchmal blöd daherrede. Nimm es nicht so tragisch. Sind wir wieder Freunde und erzähl mir jetzt bitte, woher du das Kind wirklich hast." Nach diesen leicht versöhnlichen Worten beruhigte sich Tante Erna ein wenig und erzählte Karl die ganze Geschichte über Maikes Herkunft und dass sie sie sehr lieb hätte. „Willst du dir das wirklich antun und das fremde Kind in solch schweren Zeiten alleine aufziehen?", fragte er noch einmal kopfschüttelnd nach, bevor er sich verabschiedete und auf den Heimweg machte.

Damit war die Geschichte von Maike noch nicht beendet. Sie sollte noch eine schicksalhafte Wende nehmen. Ich denke mir, dass es im Leben eines Menschen keine Zufälle gibt.

Noch im gleichen Jahr erkrankte Karls einziger, zwölfjähriger Sohn Kurt an einer akuten Blinddarmentzündung. Er wurde sofort ins Spital eingeliefert und dort erfolgreich operiert. Schon beim ersten Besuch seiner Eltern nach der Operation war er wohlauf, sodass er den besten Eindruck bei ihnen hinterließ und sie völlig beruhigt wieder nach Hause fuhren. Aber am folgenden Tag war er tot.

Es wurde herumgerätselt – warum? Aber eine befriedigende Antwort gab es nicht. Was ich aus den Reden der Erwachsenen so mitbekommen hatte, war die Rede davon, dass er zu kurz nach der Operation zu viel getrunken hatte. Ob das so stimmte, kann ich nicht beurteilen. Auf alle Fälle war es ein Schock für die Familie, ihr Kind auf diese mysteriöse Art verloren zu haben.

Wieder einmal wollte es der Zufall, dass Karl und meine Tante einander bei meiner Oma begegneten, und Maike hatte sie dabei. Als er nun das gesunde kleine Mädchen wiedersah, sah er es mit völlig anderen Augen, und sagte mit Anerkennung zu meiner Tante: „Du hast es also geschafft, sie durchzubringen. Ich muss sagen: Alle Achtung, für diese Leistung gebührt dir ein Orden."

„Danke für die Anerkennung. Aber wolltest du nicht einen Besen fressen – falls es mir gelänge?", fragte meine Tante ein wenig spöttisch. „Sei bitte nicht mehr böse über meine unüberlegten Worte. Wie du weißt, bin ich vom Schicksal mehr als genug gestraft worden. Von diesem Schlag werde ich mich wohl nie erholen können. Ich bin inzwischen sehr nachdenklich geworden und hadere oft mit dem Schicksal. Solche gedankenlosen Äußerungen werde ich sicher nicht mehr von mir geben. Wie schnell sich im Leben eines Menschen von heute auf morgen alles ändern kann, durchlebe ich momentan. Das Leid, welches meine Familie getroffen hat, könnte schlimmer nicht sein. Erna, ich wünsche dir und der Kleinen auf alle Fälle alles Gute für die Zukunft", sagte Karl sehr demütig.

Das war noch nicht das Ende der Geschichte. Eines Tages bekamen wir überraschend Besuch in der Rathausstraße von Karl und seiner Frau Grete. Meine Tante war sehr verwundert über ihr Kommen. Sie begrüßte sie und bat sie, einzutreten in unsere Küche, die inzwischen unser Aufenthaltsraum für alle Gelegenheiten geworden war. Grete hatte meiner Tante als Gastgeschenk einen Korb voller rotbackiger Äpfel und einen wunderschönen Blumenstrauß aus ihrem Garten mitgebracht.

Meine Tante war neugierig, aus welchem Grund sie zu ihr in die Wohnung gekommen waren. Ansonsten waren sie ausschließlich nur bei meiner Oma anzutreffen. Also, was konnten Grete und Karl von ihr wollen? Der ungewöhnliche Besuch, und die Geschenke? Warum? Was steckt dahinter?, dachte sie und fragte:

„Wie komme ich zu der Ehre eures Besuches?" „Wie soll ich dir das erklären, Erna? Karl hat mir die Geschichte von deinem Baby erzählt, und ich würde die Kleine auch gerne einmal sehen, wenn du erlaubst?", fragte Grete. „Warum nicht? Ich zeige sie dir gerne. Ich werde nur schauen, ob sie schon munter ist."

Sie kam mit Maike im Arm wieder zurück in die Küche. Maike war noch ein wenig verschlafen und kuschelte sich an meine Tante. Grete war gerührt von dem Anblick und sagte: „So ein kleines Baby im Arm zu halten, ist immer wieder etwas Berührendes. Darf ich sie bitte auch einmal auf den Arm nehmen?" fragte sie. „Wenn sie sich von dir nehmen lässt – gerne", antwortete meine Tante. Ganz vorsichtig näherte sich Grete der Kleinen und übernahm sie von meiner Tante zu sich auf den Arm. Maike starrte sie mit großen Augen an, als wollte sie sagen: „Wer bist du denn?" Aber ihr war nicht ganz geheuer, und sie drehte sich um und streckte ihre Arme nach meiner Tante aus, die sie wieder an sich nahm.

„Das war ein schönes Gefühl, die Kleine im Arm zu halten", meinte Grete. „So ein Kind würde mir sicher guttun und mir helfen, meinen Schmerz um Kurt zu erleichtern." Tränen liefen ihr über die Wangen und sie schluchzte vom Kummer überwältigt. Als sie sich wieder gefangen hatte, stellte sie meiner Tante ein wenig verhalten die Frage: „Könntest du dir eventuell vorstellen, Maike mir zu überlassen?"

Meine Tante fiel aus allen Wolken. Der Mund stand ihr offen und es verschlug ihr die Sprache. Daher wehte der Wind! Sie wollten Maike! Jetzt verstand sie auch den Zusammenhang mit dem überraschenden Besuch bei ihr. Sie musste sich erst wieder sammeln, bevor sie fähig war, zu antworten.

„Das kann doch wohl nicht euer Ernst sein. Ich gebe doch Maike nicht her. Das habt ihr euch ja schön ausgedacht", sagte meine Tante total erregt.

„Bei uns wäre sie sehr gut versorgt – auch in der Zukunft. Wie du weißt, bin ich schon zu alt, um noch ein Kind zu bekommen, und Maike würde mir sehr gefallen", meinte Grete. „Warum gerade Maike? Könnt ihr euch nicht woanders nach einem Kind umsehen?", fragte meine Tante, noch immer erregt. „Erna, wir wollen dich nicht bedrängen, aber überlege dir unseren Vorschlag vielleicht doch noch einmal in aller Ruhe, sie würde es bei uns gut haben", meinte Grete. „Wie ihr seht, geht es ihr schon gut. Den Rest könnt ihr vergessen", sagte meine Tante. „Falls du deine Meinung doch noch ändern solltest, lass es uns bitte wissen. Überschlafe unseren Vorschlag – und entscheide erst danach", sagte Grete.

Karl hatte sich mit Absicht aus dem Gespräch herausgehalten und das Reden mit meiner Tante seiner Frau überlassen. Er wollte kein Risiko eingehen, meine Tante mit seinen oft unpassenden Aussagen zu verärgern, damit sie ihnen Maike überließ. Des Bauernhofes wegen wäre ihm ein Bub natürlich lieber gewesen. Aber in ihrer traurigen Situation würde er genauso gerne ein Mädchen als Erbin akzeptieren.

Als Grete und Karl wieder fort waren, war meine Tante sehr froh, sich mit mir über die Unverfrorenheit des unseriösen Angebotes der beiden aussprechen zu können. Meine Tante tat mir schrecklich leid und ich versuchte, sie so gut ich konnte zu trösten. Aber ich merkte sehr wohl, wenn sie sich auch noch so sehr dagegen wehrte, dass die Aussage von Grete und Karl mehr Wirkung bei ihr zeigte, als sie wahrhaben wollte.

Nachdem sie sich von ihrem Weinkrampf einigermaßen erholt hatte, wurde sie ruhiger und meinte: „Mir ist schon klar, – dass ich Maike nie das Leben bieten kann wie Grete und Karl es könnten. In diesen unsicheren Zeiten wäre sie natürlich bei ihnen besser versorgt als bei mir. Auch ihre Zukunft wäre abgesichert. Aber ist das alles im Leben? Werde ich es schaffen, auf Maike zu verzichten?

An eine Trennung von ihr will ich nicht einmal denken. Aber denke ich vielleicht dabei zu sehr an mich und bin egoistisch?"

Sie haderte mit sich selbst und stellte sich die Frage: „Was soll ich nur tun? Was kann ich ihr schon bieten außer meiner Liebe, im Vergleich zu ihnen? Eine Wohnung in einer halben Ruine in Hamburg mit vielen Trümmern rundherum. Sicher wird es einmal wieder besser werden, aber wann?" Bei dem Gedanken an Hamburg musste sie plötzlich an Hermann denken und dass er Maike nicht wollte. Sollte sie sich überwinden und Grete und Karl Maike überlassen? Mit ihnen hätte sie auf einen Schlag eine heile Familie mit Mutter, Vater und Großmutter.

Aus meiner Erinnerung weiß ich nur noch genau, dass meine Tante sich schweren Herzens von Maike trennte, um sie Grete und Karl zu überlassen, und dass Maike in weiterer Folge der absolute Liebling ihres neuen Vaters wurde. Einziger Trost für meine Tante war der, dass Maike eine gesicherte Zukunft hatte. Hier hatte das Schicksal seine Hand im Spiel, denke ich.

Es sollte noch einige Zeit dauern, bis meine Tante den Trennungsschmerz von Maike überwunden hatte.
Immerhin war die Kleine länger als ein halbes Jahr bei ihr, und in dieser Zeit hatte sie eine starke Bindung zu ihr entwickelt, noch verstärkt durch die aufopfernde Pflege, während Maike den Keuchhusten hatte. Die ganze Familie litt mit ihr, und sie tat uns allen furchtbar leid. Aber die beste Medizin für sie war, sich durch viel Arbeit abzulenken, und davon gab es bei meiner Oma immer mehr als genug. Da die Herbstzeit inzwischen wieder Einzug gehalten hatte, gab es ausreichend Arbeit für sie mit dem Einkochen.

Für meine Oma wurde es immer schwieriger, genügend Nahrung für uns heranwachsende Kinder zu beschaffen. Je älter und größer wir wurden, umso größere Mengen konnten wir vertilgen. Außerdem waren wir immer hungrig. Darum war sie ständig auf der Suche, weitere Quellen für noch mehr Lebensmittel ausfindig zu machen. Wie es der Zufall wollte, erfuhr sie von einem angeblichen Bäcker auf dem Lande, der zweimal in der Woche Brot ohne Marken verkaufte.

Der Name des Ortes ist mir leider nicht in Erinnerung geblieben. Aber ich weiß noch, dass der Ort fünfzehn Kilometer entfernt von Ratzeburg lag. Dieser lange Weg war nur mit einem Fahrrad zu bewältigen. Wir besaßen aber nur das alte Rad meines Vaters. Damit sich der lange Weg auch auszahlte, wollten Otto und ich gemeinsam um zwei Brote fahren. Aber woher konnten wir ein zweites Fahrrad für mich beschaffen?

Der Zufall kam uns über meinen Opa zur Hilfe. Einige seiner Arbeitskollegen fuhren mit dem Fahrrad in die Arbeit, und einen befreundeten Kollegen fragte er, ob er uns sein Fahrrad an einem bestimmten Tag in der Woche zum Brotholen borgen würde. Dieser war sofort bereit, wusste er doch, was es hieß, wenn es ums Brot ging. Zu meiner Überraschung durfte ich das Damenfahrrad seiner Frau borgen, was für mich eine große Erleichterung beim Fahren war. Aber ich wäre auch bereit gewesen, die Tour auf einem Herrenfahrrad auf mich zu nehmen.

Von unseren Nachbarn, denen wir von dem Bäcker erzählt hatten, schlossen sich noch vier Jugendliche, die ein Rad besaßen oder sich eines besorgen konnten, an. Insgesamt fuhren wir mit sechs Rädern los.

Die Fahrt war für uns das reinste Abenteuer, und wir hatten viel Spaß miteinander unterwegs. Wir traten recht flott in die Pedale, überholten uns gegenseitig und fuhren um die Wette. Die Landstraße gehörte uns fast alleine. Außer dass uns hier und da ein Pferdefuhrwerk entgegenkam, gab es keinen Verkehr, und wir kamen auf der geraden Chaussee zügig voran.

Während wir so flott dahinradelten, fiel mir auf, dass in den Gräben links und rechts der Chaussee etliche Menschen unter den längst leer gepflückten Bäumen noch nach Fallobst suchten. Ich bekam auch sehr wohl mit, dass die meisten Äpfel schon angefault waren und trotzdem gegessen wurden. Wie groß musste der Hunger der armen Menschen sein, wenn sie sogar faule Äpfel aßen, dachte ich bei mir. Mir fiel noch etwas auf, es waren überwiegend Männer, die hier nach Essbarem suchten. Dieser Anblick hat mich noch einige Tage stark beschäftigt – und verfolgt.

Als wir den Ort mit besagtem Bäcker endlich gefunden hatten, wurden wir angenehm überrascht, wir bekamen tatsächlich bei ihm Brot. Für jeden von uns ein Brot. Dankbar und zufrieden machten wir uns sofort wieder auf den Heimweg. Da wir erst am Nachmittag nach dem Schulunterricht losgefahren waren, wollten wir uns beeilen, um vor der leider schon wieder früher werdenden Dunkelheit möglichst zu Hause zu sein. Schließlich hatten wir noch einen fünfzehn Kilometer langen Rückweg vor uns.

Unsere Heimfahrt verlief ohne Zwischenfälle, und wir wurden freudig mit unseren Broten zu Hause in Empfang genommen. Von einem Brot schnitt meine Oma circa ein Drittel sogleich ab, um es meinem Opa für den Freund, der uns das Fahrrad geborgt hatte, als Dankeschön mitzugeben.

Von der ungewohnten Anstrengung der langen Fahrt auf dem Fahrrad hatte ich am kommenden Tag einen ziemlichen Muskelkater in den Waden, und das Gesäß tat mir vom harten Sattel etwas weh. Trotzdem überwand ich mich und fuhr diese Tour noch einige Male. Aber nur so lange, bis zu viele Menschen von dieser Quelle erfahren hatten und die Chancen, überhaupt ein Brot abzubekommen, sehr gering waren. Zwei Mal sind wir den langen Weg umsonst gefahren und ohne Brot nach Hause gekommen. Danach haben wir die Brot-Tour aufgegeben, weil der Energieaufwand für eine Leerfahrt von dreißig Kilometern viel zu anstrengend war.

Schon bald sollte sich ein neues Projekt einer anderen Art für uns ergeben. Leider von keiner angenehmeren als die Brot-Tour. Eine allgemeine Bekanntmachung auf Plakaten, auf denen das Angebot gemacht wurde, dass man Bucheckern gegen Öl eintauschen konnte. Öl war eine heißbegehrte Mangelware. Auf keinen Fall wollte man sich die Chance entgehen lassen, an die begehrte Ware heranzukommen. Darum erstellte meine Oma sogleich einen Plan für die Familie, wie man gemeinsam so viele Bucheckern als möglich sammeln konnte, um dafür das begehrte Öl eintauschen zu können.

Da wir Kinder am Vormittag Schulunterricht hatten, war der Nachmittag zu kurz, um noch den langen Weg in den Wald zu unternehmen, damit sich das Sammeln von Bucheckern noch auszahlen würde; so blieb uns an Schultagen das Sammeln erspart. Drum gingen meine Tante und meine Oma täglich am Vormittag ohne uns Bucheckern sammeln. Um eine gewisse Menge zu sammeln, war Eile angesagt, bevor es das Wetter nicht mehr zuließ. Die Tage waren schon recht feucht und kühl, sodass die Zeit zum Sammeln sehr begrenzt war. Und in der Zeit unserer Abwesenheit kochte meine liebe Uroma inzwischen für uns, damit wir etwas Warmes bei unserer Heimkehr zu essen hatten.

Aber am Sonntag wurde uns Kindern der Genuss des Bucheckern-Sammelns nicht erspart. Diese Sonntage hatten es in sich. Sie waren lang und mühselig für Groß und Klein. Um den Tag so gut als möglich zu nutzen, waren wir von in der Früh bis zum späten Nachmittag im Wald. Es war mühselig, die winzigen Bucheckern zu sammeln. Aber wir waren fleißige Sammler, und jeder von uns bekam über den Tag circa zwei Kilo zusammen. Außer meinem Bruder, der mehr spielte als sammelte, weil er eben noch zu jung war und zu wenig Ausdauer hatte.

Die Sonntage zahlten sich zwar mengenmäßig für uns aus, aber auf dem Heimweg spürten wir allesamt unsere Knie, trotz der Unterlage, die wir gegen das feuchte Laub zur Verfügung hatten. Körperlich waren wir alle geschafft. Aber die überdurchschnittlich große Menge an gesammelten Bucheckern ließ uns unsere Wehwehchen vergessen. Schließlich würden die gesammelten Mengen uns einige Liter von dem wertvollen Öl einbringen, sodass es den Aufwand wert gewesen war.

Während unserer Abwesenheit hatte unsere Uroma für uns einen deftigen Eintopf gekocht, auf den wir uns nach dem langen, anstrengenden Arbeitstag freuten und bei dem alle kräftig zulangten. Zum Glück war ich nur an zwei Sonntagen bei dieser Plackerei dabei. Dadurch, dass meine Oma und meine Tante zusätzlich an den Vormittagen zwei ganze Wochen mit dem Sammeln durchgehalten hatten, waren sie danach körperlich völlig geschafft. Sie hatten sich in ihrer Sammelleidenschaft total übernommen und sogar den armen Eichhörnchen ihr Futter streitig gemacht, ha, ha, ha … Wie viele Flaschen Öl wir am Ende bekommen haben, weiß ich nicht mehr. Aber nachdem meine Oma sehr zufrieden war, musste sich die Mühe für uns gelohnt haben.

Durch die Ablenkung der ständigen – vielen Arbeit blieb meiner Tante Gott sei Dank kaum Zeit zum Grübeln wegen Maike. Sie erholte sich langsam aber sicher. Nach einiger Zeit nahm sie sogar den Kontakt zu Hermann wieder auf, der sie dann in regelmäßigen Zeitabständen wieder besuchte. Aber ich hatte das Gefühl, dass sie ihm die Ablehnung Maikes nachtrug und die Beziehung nicht mehr so innig war wie vorher.

Die Zeit des großen Hungerns war noch immer nicht vorüber. In der Schule kam es immer öfter vor, dass total unterernährte Kinder in Ohnmacht fielen. Dank der aufopfernden Unterstützung meiner Oma ist mir dieser unglaubliche Hunger, den viele Menschen erdulden mussten, erspart geblieben.

Ab einer gewissen Zeit bekamen wir täglich in der großen Pause eine Portion Haferbrei in einem eigens dafür mitgebrachten Essgeschirr samt Löffel. Mir schmeckte der Haferbrei übrigens sehr gut, und ich war dankbar für die zusätzliche Mahlzeit. Aufgrund der regelmäßigen Schulspeisung für Kinder, kam es nicht mehr so oft vor, dass die Ärmsten während des Unterrichts zusammenbrachen.

Aber die allergrößte Freude wurde uns immer am Samstag bereitet. Wir bekamen nämlich einen mir völlig unbekannten Schokoriegel zusätzlich als Nachspeise. Dieser schmeckte mir damals so gut, dass er für mich zum Höhepunkt der ganzen Woche werden sollte. Meinetwegen hätte die ganze Woche nur aus Samstagen bestehen können. So etwas Gutes hatte ich nämlich schon lange nicht mehr gegessen. Dieser Wunderriegel, der mir so gut schmeckte, nannte sich „Nuts". Wie gerne hätte ich öfter als nur einmal in der Woche einen gegessen. Also erkor ich den Samstag für längere Zeit zu meinem „Lieblingstag".

Leider hatte meine arme Oma nicht nur die Sorge ums Essen. Wir benötigten auch wieder Bekleidung für den kommenden Winter. Hier und da bekamen wir auf Bezugsscheine einige Bekleidungsstücke zugeteilt, die wir im Warenhaus legal kaufen konnten. Ich hatte das große Glück, einen warmen, fischgräten-gemusterten Wintermantel zu bekommen. In diesem Winter lief fast halb Ratzeburg in den gleich gemusterten Mänteln herum. Denn es gab zu der Zeit fast nur einheitliche Modelle.

Aber dieser Mantel war so gar nicht nach meinem Geschmack. Ich konnte mich nicht genügend frei beim Spielen in ihm bewegen. Ständig musste ich aufpassen, dass das kostbare Stück nicht schmutzig würde. Darum wünschte ich mir nichts mehr als ein Kleidungsstück, das für mich alltagstauglich war.

Zu der Zeit war es für Mädchen noch nicht üblich, Hosen zu tragen. Aber gerade diese wünschte ich mir, weil sie ideal für Sport und insbesondere zum Schlittschuhlaufen waren. Darum redete ich mit meiner Oma über mein Problem und bat sie, mir eine Hose mit Jacke nähen zu lassen. Diesen Wunsch wollte sie mir gerne erfüllen, weil sie wusste, wie gerne ich im Freien war, um mich auszutoben. Zum Glück fiel ihr das Passende dafür ein. Einmal hatte Otto von einem seiner englischen Freunde eine khakifarbene Militärwolldecke geschenkt bekommen. Aus dieser konnte man eventuell eine Art Hosenanzug für mich schneidern lassen.

Die Idee fand ich großartig. Aber wer konnte schon eine Hose für mich nähen? Herkömmliche Schneiderinnen sicher nicht. Aber mir kam ganz plötzlich der rettende Gedanke: Hierfür kam nur Frau Hoffmann in Frage. Sie war sicher imstande, eine Hose für mich zu nähen, und meine Oma erlaubte mir, sie zu fragen, und zu welchem Preis sie es tun würde.

Also ging ich mit der Wolldecke zu ihr und bat sie um den Gefallen, mir eine Hose aus der Decke zu schneidern. Sie war ohne Weiteres bereit, mir diese Freude zu machen, und meinte, falls die Decke groß genug sei, könnte sie vielleicht aus dem restlichen Material noch eine Jacke für mich nähen. Leider reichte der Stoff dann doch nicht ganz. Aber Frau Hoffmann überlegte kurz und meinte: „Ärmel und Rückenteil lassen sich aus dem Stoff locker ausschneiden, und die zwei Vorderteile könnte man auch aus einem anderen Material nähen – oder gar stricken. Wie findest du das?" Natürlich war ich von dem großartigen Vorschlag begeistert und lief mit der für mich freudigen Nachricht sofort zu meiner Oma. Ich erzählte ihr, zu welchen Bedingungen Frau Hoffmann mir den Anzug nähen würde. Sie wollte Seife und Zigaretten. Meine Oma erklärte sich einverstanden, und ich durfte Frau Hoffmann den Auftrag, mir den Anzug zu nähen, erteilen.

Jetzt musste ich nur noch meine Tante bitten, mir die zwei Vorderteile zu stricken, damit Frau Hoffmann sie mit den Stoffteilen verbinden konnte.

Tante Erna war so lieb und hat mir die beiden Teile aus roter Wolle gestrickt. Schon nach zwei Wochen hielt ich die beiden Vorderteile in der Hand, und erfreut brachte ich sie sogleich zu Frau Hoffmann. Diese hatte in der Zwischenzeit zu meiner Überraschung die Hose schon genäht. Sie passte auf Anhieb. Die Fasson der Hose war die der Schiläufer der damaligen Zeit ähnlich – in ihrer Art. Ein wenig weit und mit Bündchen und einer Schnalle am unteren Ende der Hosenbeine versehen.

Eine Woche später war die dazu passende Jacke ebenfalls fertig genäht. Frau Hoffmann war ganz einfach genial. Diesen Anzug gab es kein zweites Mal in ganz Ratzeburg. Für die Manschetten der Ärmel hatte meine Tante Bündchen gestrickt und ebenso für den Bund der Jacke. Aber der absolute Clou war, dass sie mir einen Reißverschluss in die Jacke genäht hatte. Es mag seltsam klingen, aber es sollte der erste Reißverschluss in einem meiner Kleidungsstücke sein. Bis jetzt waren alle meine Kleider nur mit Knöpfen oder Haken versehen. Diesen Typ Jacke nannte man in England und Amerika Lumberjacket, und ich war sicher eine der Ersten in der Stadt, die so ein Prachtexemplar besaß. Ich war natürlich dementsprechend stolz.

Ganz allmählich begann eine Zeit der Veränderung. Langsam aber sicher schlichen sich fast unbemerkt fremde Sitten bei uns ein. Wenn ich zufällig einmal an der Kaserne vorbeiging, hörte ich aus den offenen Fenstern eine völlig fremd klingende Musik, die ich bisher nie gehört hatte. Man nannte sie Hit oder Beat. Die Jugend war total verrückt nach dieser Musik, was ich nicht verstehen konnte. Heute weiß ich natürlich, dass damit die Jazz-Musik gemeint war. Außer der Musik war die Jugend noch von einem neuen Getränk begeistert. Man nannte es Coca-Cola. Ständige Veränderungen kamen auf uns zu.

Ich entdeckte eine andere Leidenschaft für mich als Jazz und Coca-Cola. Es war das Kino. Diese Traumwelt hatte es mir angetan und zog mich in ihren Bann. Bei uns in Ratzeburg gab es nur ein einziges Kino, das ständig überfüllt und immer ausverkauft war – sogar die Stehplätze waren es. Für eine Eintrittskarte musste man in einer langen Schlange stehen, wobei es nicht sicher war, dass man eine Eintrittskarte abbekam. In diesem Kino wurden nämlich alle schönen, alten UfaFilme gezeigt, die ich mir mit Leidenschaft ansah – wenn ich das Geld dafür hatte. Zum Glück bekam ich von meiner Oma einmal die Woche Geld für eine Kinokarte.

Ich wählte mir den Sonntag als Kinotag aus und ging mit meiner Freundin in die Nachmittagsvorstellung für Jugendliche. Meistens wurden lustige Filme mit Hans Moser, Paul Hörbiger und Theo Lingen gespielt, über die wir uns köstlich amüsierten und sehr viel lachten. Diese Welt der Fantasie zog mich und meine Freundin in ihren Bann, und wir konnten nie genug davon bekommen. Wenn ich genügend Geld für die Karten gehabt hätte, wäre ich sicher täglich ins Kino gegangen. Für meine Freundin und mich gab es nur einen Gesprächsstoff, und der war über die Schauspieler, die uns so faszinierten.

Außer den lustigen Filmen gab es noch viele schöne Revuefilme mit Marika Rökk, traurige mit Zarah Leander und Ferdinand Marian, bei denen ich weinen musste. Aber mein absoluter Lieblingsfilm war „Das indische Grabmal" mit La Jana und Frits van Dongen, den ich sicher drei Mal gesehen habe. Diesen Film konnte ich nicht oft genug sehen und überlegte darum, wie oder wo ich mir Geld verdienen konnte, um mir alle diese traumhaften Filme ansehen zu können. Aber in der näheren Zukunft erschloss sich für mich leider keine Möglich, und ich musste mich bis auf Weiteres zu meinem Leidwesen mit dem Sonntagsprogramm begnügen.

Seit Neuestem hatten wir in der Schule auch Englischunterricht. Ich fragte mich damals: „Wozu brauche ich Englisch? Es reicht doch, wenn ich Deutsch sprechen kann." Ich empfand es als völlig überflüssig. Außerdem, mit wem sollte ich schon englisch reden? Aber in weiterer Folge habe ich es nicht bereut, Englisch sollte mir im späteren Leben noch oft genug hilfreich sein. Um das zu verstehen, braucht man eben eine gewisse Reife.

Ohne es wahrzunehmen, schlichen sich langsam aber sicher immer mehr fremde Sitten bei uns ein, aber nicht immer zum Vorteil. In erster Linie wurden bei den Jugendlichen Wünsche geweckt, die sie in eine gewisse Abhängigkeit geraten ließen. Sie wollten so cool sein wie die Fremden und versuchten, diese nachzuahmen. Das Rauchen, die neuartige Musik „Jazz" und „Coca-Cola" spielten dabei eine wesentliche Rolle. All diese Dinge konnten sich nur die Jugendlichen verschaffen, die die entsprechenden Tauschwaren zur Verfügung hatten. Es gab nichts, was auf dem Schwarzmarkt nicht zu haben war. Begehrte Tauschobjekte waren Orden, Bücher, Fotos sowie Waffen, die natürlich unterm Tisch verkauft wurden, eben alles, was mit dem letzten Krieg zu tun hatte. Für all diese Dinge gab es immer wieder genügend Interessenten, auch Soldaten, die sie als Kriegsbeute von den Händlern kauften oder tauschten. Hatte man solche Objekte zur Verfügung, ließen sich fast alle Wünsche erfüllen.

Am besten waren die Buben dran, deren ältere Schwester die Freundin eines Soldaten war. Die Besatzer gingen gerne am Abend mit einem Fräulein am Arm aus, wodurch der Bruder des Fräuleins dann gewisse Privilegien genoss. Ich war zwar noch zu jung, dazuzugehören, aber alt genug, um die Zusammenhänge zu verstehen. Genau wusste ich noch nicht, was da zwischen den Geschlechtern ablief, aber ich ahnte es.

Meine Tante hatte wieder eine Nachricht aus Hamburg erhalten, dass sie sich einen Bezugsschein für Möbel abholen konnte, der ihr zustand. Aus diesem Grund fuhr sie wieder einen ganzen

Tag nach Hamburg, um sich den Schein abzuholen. Die Möbel konnte sie sehr gut für ihre noch leere Wohnung gebrauchen. Sie wollte sich mit Hermann treffen, mit dem sie sich inzwischen heimlich verlobt hatte. Die beiden konnten die Rückkehr meines Vaters kaum noch erwarten, um endlich heiraten zu können.

Für meinen Bruder und mich war der Gedanke nicht vorstellbar, dass Tante Erna uns einmal verlassen könnte. Doch nach ihrer Rückkehr aus Hamburg erzählte sie mir, dass sie einen Bezugsschein für eine komplette Schlafzimmereinrichtung erhalten hätte, worüber sie sehr erfreut war. Außerdem meinte sie, sobald sie und Hermann verheiratet wären, würden sie gemeinsam in seine Wohnung ziehen, die einen Raum mehr als ihre Wohnung hatte. „Meine Wohnung werde ich wieder aufgeben", sagte sie.

Das Jahr neigte sich langsam dem Ende zu. Meine Oma hatte es wieder geschafft, ein entsprechend großes Vorratslager für die Familie für den kommenden Winter anzulegen. In diesem Jahr hatten wir zusätzlich eine ungewöhnlich große Obsternte, sodass meine Oma einen Überschuss an Pflaumen, Äpfeln und Birnen hatte. Da Pflaumen sich nicht lange lagern lassen, mussten sie schnell verarbeitet werden. Alles, was vom Einkochen übrigblieb, wurde zu Dörrobst verarbeitet. Die Äpfel und Birnen schnitt Tante Erna in dünne Scheiben, fädelte sie auf eine Schnur und hängte diese dann über den Kochherd zum Trocknen auf. Und die Zwetschken wurden auf Bleche im Backrohr getrocknet.

Dieses süße Dörrobst war für uns Kinder eine zusätzliche wunderbare Näscherei, die uns besonders gut schmeckte. Ich war immer eine dankbare Abnehmerin für jede süße Abwechslung. Nach wie vor waren diese nicht jederzeit zu haben.

Aus Dankbarkeit für Maike, der es übrigens sehr gut in der Familie ging, hatte Karl uns sehr geholfen beim Anlegen unseres Vorrates für den kommenden Winter. Über ihn bekamen wir alle Hauptnahrungsmittel sowie Kartoffeln, Rüben, Karotten und sämtliche Kohlsorten – eben alles, was sich länger lagern ließ. Zusätzlich gab er uns gepökeltes und geräuchertes Fleisch und für Weihnachten versprach er uns sogar eine Gans. Meine Oma bezahlte wie immer mit Seife und Zigaretten. Dafür war unsere Versorgung für den Winter gesichert.

Aus Schweden bekamen wir vor Weihnachten zum dritten Mal ein Paket, wovon meine Oma dieses Mal fast alle Lebensmittel für uns behalten konnte. Sie behielt sogar von dem Kilo Kaffee ein Viertel für die Erwachsenen für Weihnachten zurück. Den Rest gab sie wieder ihrer treuesten Kundin Frau Pütscher gegen Buttermarken, die ihr dafür von ganzem Herzen dankbar war.

Weihnachten konnte kommen, wir waren gut vorbereitet. Dieses Mal sollte es wieder einen Christbaum für uns geben. Die allgemeine Stimmung hatte sich gegenüber den anderen Jahren ein wenig verbessert. Außerdem hielten diese Weihnachten noch eine andere Überraschung für uns bereit.

Wir drei Kinder waren um 16 Uhr am Heiligabend in der Kirche. Nach dem Gottesdienst um 17 Uhr beeilten wir uns, nach Hause zu kommen wegen der Geschenke und des geschmückten Christbaumes. An den Weihnachtsmann glaubten wir in unserem Alter sowieso nicht mehr. Aber die noch so kleinen Geschenke bereiteten uns eine große Freude.

Wir liefen um die Wette die 58 Stufen hinunter zum Haus. Otto war natürlich der Erste, ich die Zweite und mein Bruder der Letzte. Schon in der Eingangstür fing mich meine Oma ab und fragte: „Rate mal, wer gekommen ist?" Wie aus der Pistole geschossen antwortete ich: „Mein Vater!" Ehe ich mich versah, stand er in der Wohnzimmertür und wir fielen einander in die Arme und weinten Freudentränen. Danach kam mein Bruder an die Reihe, den er auf den Arm nahm und an sich drückte. Plötzlich war es ganz still im Raum, man hätte eine Stecknadel fallen hören können.

Diese Weihnachtsüberraschung war gelungen. Ich weiß bis heute nicht, ob meine Oma gewusst hatte, dass mein Vater Weihnachten nach Hause kommen würde, es aber als Überraschung geheim gehalten hatte, oder ob er wirklich ohne vorherige Ankündigung gekommen war.

Wir hatten uns nach den langen Jahren der Trennung so viel zu erzählen, dass wir das Feiern vergaßen. Wir bombardierten meinen armen Vater immer wieder mit Fragen, wie es ihm in all den Jahren der Gefangenschaft ergangen sei und was er alles durchgemacht hatte. Durch das aufmerksame Hören seiner zahlreichen Erzählungen geriet die Weihnachtsfeier total ins Hintertreffen. Aber was bedeutete diese schon gegen die glückliche Heimkehr meines Vaters.

Nur als das Thema sich dann auf meine verstorbene Mutter bezog, wurde es um uns alle sehr still. Mein Vater konnte nicht wirklich realisieren, dass seine Frau ganz einfach nicht mehr existierte und er sie nie wiedersehen würde.

Nach einiger Zeit des In-sich-Gehens trugen meine Oma und meine Tante das Essen auf den Tisch. Es gab Grünkohl mit Kartoffeln und Pökelfleisch. Mit diesem wohlbekannten Essen aus früheren Tagen fühlte sich mein Vater ein wenig zu Hause angekommen.

Anschließend hatten wir die für uns Kinder doch so wichtige Bescherung. Wir bekamen wie im Vorjahr die von Oma und Uroma handgestrickten Schafwollsocken und Fäustlinge. Für mich hatte Tante Erna zusätzlich Schal und Mütze passend zu meinem Anzug gestrickt. Ich war überglücklich über dieses Geschenk. Außer den Geschenken gab es wieder die gute Marabou-Schokolade aus Schweden sowie den guten Hefekuchen, den meine Oma für uns gebacken hatte.

An diesem Heiligen Abend, an dem mein Vater nach langer Abwesenheit zum ersten Mal wieder teilnahm, dachte keiner sobald ans Schlafengehen. Nur mein Bruder war schon lange auf dem Sofa eingeschlafen, während wir uns noch endlos unterhielten. Nach 2 Uhr war es dann endlich so weit, dass meine Tante, mein Vater und ich den Heimweg ohne Dieter antraten. Meine Oma wollte ihn nicht aus dem Schlaf reißen, und wir gingen ohne ihn nach Hause. Auf dem Heimweg schneite es kräftig, und wir waren um diese Zeit die einzigen Menschen auf der Straße. Es war so stimmungsvoll, dass man im Sinne des Wortes von einer echten ‚Stillen Nacht' reden konnte. In einem wahren Hochgefühl kamen wir zu Hause an.

Seit über vier Jahren schlief mein Vater wieder in seinem eigenen Bett. Ich frage mich heute, wie mag er sich nur gefühlt haben, weil das Bett neben ihm leer war? Man kann nur erahnen, wie ihm zumute war. Tante Erna schlief jetzt natürlich bei mir im Kinderzimmer.

Am ersten Feiertag wurden wir erst spät munter. Wir hatten nach der langen Nacht verschlafen, sodass wir drei erst am späteren Vormittag bei den Großeltern erschienen. Tante Erna hatte sofort ein schlechtes Gewissen, weil ihre Mutter die Vorbereitungen für das Mittagessen für acht Personen alleine übernehmen musste. Natürlich wurde sie von ihrer Mutter unterstützt, aber man konnte ihre Leistung nicht mit der meiner Tante vergleichen, und so blieb die meiste Arbeit an ihr hängen.

Die Gans brutzelte schon im Backrohr und verbreitete einen unvergleichlichen Duft. Suppe und Rotkohl kochten nebenbei auf dem Herd, und meine Oma war gerade dabei, die Kartoffelknödel zuzubereiten. Wir wurden sozusagen von appetitanregenden Düften empfangen.

Nach der Begrüßung machten Tante Erna und ich mich sofort ans Tisch decken. Mein Vater nahm Platz neben meinem Opa und Otto, um ihre Gespräche vom Vorabend fortzusetzen. Uroma saß im Sessel am Fenster und ging ihrer Lieblingsbeschäftigung nach, dem Stricken. Sie sah dabei aus wie die Omas aus den klassischen Märchenbüchern. Weißes, mittelgescheiteltes Haar, einen weißen Kragen über der dunklen Bluse sowie die typisch über den halben Nasenrücken heruntergerutschte Brille. Der Anblick hinterließ den Eindruck einer heilen Welt.

Trotzdem es Weihnachten und mein Vater gerade erst heimgekehrt war, hatte ich das Bedürfnis, sofort nach dem Essen um 14 Uhr ins Kino in die Jugendvorstellung zu gehen. Ich hatte mich nämlich mit meiner Freundin Ilse verabredet, die genauso kinosüchtig wie ich war. Üblicherweise trafen sich die Jugendlichen nach dem Essen hinter dem Haus auf dem Eis zum Schlittschuhlaufen. Aber seit ich das Kino für mich entdeckt hatte, verzichtete ich sogar aufs Schlittschuhlaufen.

Also machte ich mich kurz nach dem fürstlichen Mittagessen auf den Weg ins Kino. Mir war klar, dass ich nicht ganz korrekt handelte. Aber es erwartete mich ein Film mit Marika Rökk, der mich in die Welt der Träume fallen ließ. Ich weiß bis heute nicht, ob mein Vater von mir enttäuscht war oder mich verstanden hat. Nett war es jedenfalls nicht von mir, das ist mir sehr wohl bewusst. Kinder sind eben kleine Egoisten.

Aber die Erwachsenen gingen genauso gerne ins Kino wie die Jugend. Sie standen ebenfalls lange Schlange für eine Kinokarte, um sich mit einem netten Film von dem tristen Alltag ablenken zu lassen und sich dem Traum einer heilen Welt hinzugeben.

Nach zwei glücklichen Kinostunden nahm ich meine Freundin mit zu den Großeltern. Ich wusste genau, dass es um diese Zeit Kaffee und den Hefekuchen, den meine Oma zu Weihnachten gebacken hatte, gab. Ob meine Oma darüber erfreut war, dass ich meine Freundin ganz einfach mitbrachte, weiß ich nicht mehr. Sie hat sich jedenfalls nichts anmerken lassen. Auf alle Fälle bekam Ilse einen Kuchen und zusätzlich noch einen Bratapfel. Natürlich war es ihr peinlich, ganz einfach nicht eingeladen in meine Familie zu platzen. Aber mir war das egal, Hauptsache war, sie bekam einen Kuchen ab.

In der Zwischenzeit, in der ich mit Ilse im Kino war, hatten es sich die Erwachsenen bei einem hausgemachten Likör gemütlich gemacht. Sie unterhielten sich nach wie vor angeregt über die vielen Ereignisse der Jahre, in denen sie sich nicht mehr gesehen hatten. Dieses Thema war immer noch ihr hauptsächlicher Gesprächsstoff, als ich wieder heimgekehrt war. Während der Unterhaltung fiel mir auf, dass meine Tante und mein Vater gewisse Blicke untereinander austauschten, die mir komisch vorkamen. Sie lachten und scherzten miteinander und hatten es recht lustig. So viel lachen hatte ich meine Tante in der letzten Zeit eher selten gehört. „Sollte sich da unter Umständen bei ihnen etwas anbahnen?", dachte ich bei mir. Mein erster Gedanke war: „Oh je, der arme Hermann!" Aber das war sein Problem. Mir konnte es nur recht sein, wenn sie sich für meinen Vater entscheiden würde. Dann könnte sie nämlich für immer bei uns bleiben. Etwas Besseres konnte meinem Bruder und mir nicht passieren.

Was war passiert? Womit hatte mein Vater seine Schwägerin bezirzt? War sie doch um drei Jahre älter als er. Aber das dürfte bei ihnen keine Rolle gespielt haben. Hier war etwas anderes im Spiel. Mir konnte es nur recht sein, weil sich für mich kein Nachteil daraus ergab. Sogar meiner Oma schien die Situation zu gefallen. Ihr war ebenfalls nicht entgangen, dass die beiden einander zugeneigt waren. Sicher dachte sie dabei in erster Linie an meinen Bruder und mich, weil wir so keine fremde Frau als Ersatzmutter bekamen und uns außerdem mit unserer Tante sehr gut verstanden.

Der zweite Weihnachtsfeiertag verlief fast wie der erste. Verändert hatte sich nur, dass meine Tante und mein Vater ihre Verliebtheit füreinander nicht mehr wirklich verbargen.

Zu Mittag bekamen wir dieses Mal nur die Reste vom Vortag, eben von allem ein wenig weniger. Die Suppe war gestreckt, die Fleischreste von der Gans wurden mit den Kartoffelknödeln in kleine Stücke geschnitten und in einer großen Pfanne geröstet. Dazu gab es Apfelmus und den restlichen Rotkohl. Die Nachspeise war wie meistens ein Bratapfel. Und als Ausnahme, weil Weihnachten war, bekam ich ein zweites Mal Kinogeld. Überglücklich machte ich mich auf den Weg in die Jugendvorstellung.

Leider kam es zwischen Weihnachten und Neujahr noch zu einer traurigen Auseinandersetzung zwischen Tante Erna und Hermann. Er wollte es ganz einfach nicht glauben, dass sie sich für meinen Vater entschieden hatte. Er fragte sie immer wieder, ob sie sich diesen Schritt auch gut überlegt habe. Dann wollte er noch wissen: „Warum? Wir waren uns doch einig, zu heiraten und gemeinsam in Hamburg zu leben." So traurig es war, meine Tante blieb bei ihrer Entscheidung und gab ihm den Verlobungsring zurück. Aber trotzdem trennten sie sich nicht im Zorn und sie verabschiedeten sich im Guten.

Die Fronten waren geklärt. Tante Erna gab ihre Wohnung in Hamburg auf, zog für immer zu uns, und wir waren wieder eine komplette Familie.

Als Heimkehrer war mein Vater, wie die meisten von ihnen, arbeitslos, und meine Oma hatte zusätzlich einen Esser mehr zu versorgen. Immerhin waren wir jetzt acht Personen, und an der Lebensmittelknappheit hatte sich bisher immer noch nicht viel geändert. Nach wie vor gingen wir fast täglich zu meiner Oma zum Mittagessen. Sie und ihre Mutter bereiteten abwechselnd von Bohnen, Erbsen, Rüben sowie sämtlichen Kohlsorten riesige Mengen von Eintöpfen zu, um uns alle satt zu bekommen. Nur am Wochenende gab es die berühmte Ausnahme von Hasenbraten, Huhn oder hier und da einen Schweinebraten, mit dem uns der Karl liebenswürdigerweise versorgte. Das Jahr 1947 hatte sich mit der Heimkehr meines Vaters für die Familie zum glücklichen Ende geneigt.

1948

Endlich sollten sich im Jahr 1948 kleine Fortschritte durch die Währungsreform ergeben. Die DM wurde eingeführt, aber die RM hatte trotzdem noch vorübergehend ihre Gültigkeit. Die RM wurde auf 1 zu 10 gegenüber der DM abgewertet. Das Geld wurde uns im großen Saal des Hotels Bismarck ausgezahlt. In vielen Reihen, in langen Schlangen, standen die Menschen, um sich ihr neues Geld abzuholen. Münzen gab es damals noch nicht. Sie wurden nachträglich eingeführt. Das Kleingeld bestand genauso aus Papier wie die großen Scheine, nur in Kleinformat.

Ich bin überzeugt, dass die neue Währung der erste größere Hoffnungsschimmer in eine bessere Zukunft für Menschen in dieser trostlosen Zeit war. Lange Zeit war das neue Geld das Tagesgespräch Nummer eins in der Bevölkerung. Es machte sich auch eine gewisse Freude im Ausdruck der Menschen breit. Schön langsam füllten sich die Auslagen der Geschäfte wieder, und es gab eine größere Auswahl an Waren. Ich kann mich nicht mehr erinnern, wieso es plötzlich so viel Fallschirmseide zu kaufen gab. Möglich, dass es ein gutes Geschäft war mit Fallschirmen, die nicht mehr benötigt wurden. Bei uns war die Seide auf alle Fälle der Renner. Aus der weiß-grün gestreiften Seide nähten sich die Frauen Blusen und Kleider und es ging sogar so weit, dass an manchen Fenstern weiß-grün gestreifte Seitenteile hingen.

Einmal, als ich gerade auf dem Heimweg war, begegnete ich Frau Hoffman auf der Straße, und sie bat mich, auf einen Sprung in ihre Wohnung zu kommen. Dort sagte sie dann zu mir: „Ich habe von der Heimkehr deines Vaters gehört, und ich mache jedem Heimkehrer ein Geschenk und möchte dir darum eines für deinen Vater mit lieben Grüßen von mir mitgeben." Ich war überrascht und gerührt zugleich. Wer hatte schon in dieser Zeit etwas zu verschenken? Ich nahm das Päckchen dankend entgegen und verabschiedete mich mit einem Knicks. Übrigens, die Familie Hoffmann ist in der näheren Zukunft nach Brasilien ausgewandert. Ich habe sie damals sehr beneidet und wäre am liebsten mit ihnen gefahren.

Freudig brachte ich das Päckchen, das mir Frau Hoffmann mitgegeben hatte, nach Hause. Ich war selber schon neugierig, was sich wohl darinnen befand. Mein Vater war anwesend, und ich übergab ihm das Paket. Er war ebenfalls überrascht, freute sich aber sehr, wie ich ihm ansah. Sogleich packte er es vor meinen Augen aus. Für mich war der Inhalt eine Enttäuschung. Aber meine Tante freute sich über die 2 Kilo Mehl und das Kilo Zucker, welche sich im Päckchen befanden. Außerdem lag noch ein Kärtchen mit den Worten bei: „Herzlich willkommen in der Heimat!" Diese Worte einer für ihn gänzlich fremden Frau haben ihn sehr gerührt. Schließlich kannte er die Familie Hoffmann noch nicht.

Solange mein Vater noch arbeitslos war, kümmerte er sich um Reparaturen und Renovierungsarbeiten in unserer Wohnung. Außerdem baute er auf dem Dachboden noch ein zusätzliches Zimmer aus, damit wir uns wieder ein Wohnzimmer einrichten konnten. Der Raum auf dem Dachboden wurde mit den Möbeln des Gutscheins, den meine Tante seinerzeit erhalten hatte, weil ihre Wohnung in Hamburg ausgebombt worden war, eingerichtet.

Mein Vater hatte beschlossen, nachdem er und meine Tante sich gut verstanden, sie zu heiraten – auch unseretwegen. Also wurde ein Hochzeitstermin vereinbart. Trotz aller tristen Umstände hatten sie doch die Absicht, den Tag feierlich zu begehen.

Mein Vater nahm Kontakt zu seinem Bruder in Neustadt auf, den er als Trauzeugen haben wollte, und lud darum ihn und seine Familie zur Hochzeit ein. Weiterhin wurden eingeladen: Tante Frieda und Helga, Onkel Richard, ein Freund meines Vaters, mit Frau, sowie Omas Schwester Tante Martha und Onkel Otto aus Lübeck. Mit Onkel Martins beiden Buben, Peter und Bernd, waren wir achtzehn Personen, für die an einer Tafel Platz geschaffen werden musste.

Mein Vater, mein Opa und Otto räumten einen Raum so weit leer, dass man Tische in einem offenen Rechteck anordnen konnte. Zusätzlich wurde noch in einer Ecke ein Tisch für uns Kinder aufgestellt. Genügend Stühle stellte das Hotel Bismarck, dessen Besitzer mein Vater sehr gut kannte und das gleich bei uns um die nächste Straßenecke lag, zur Verfügung. Für Platz an der Tafel war gesorgt. Nun fehlten nur noch die Speisen. Hierfür war natürlich meine Oma zuständig.

Sie organisierte über Karl vier Suppenhühner, die für vierzehn Erwachsene und vier Kinder ausreichten. Die Speisefolge sollte lauten: „Hühnersuppe mit Fleischbällchen und Nudeln als Einlage zur Vorspeise. Die Hauptspeise: „In Butter gebratenes Hühnerfleisch, dazu Mischgemüse in einer Einmachsoße und Petersilienkartoffeln, und als Nachspeise gab es Schokoladenpudding mit Vanillesoße."

Um die Getränke kümmerte sich mein Vater und um die Bäckereien meine Tante. Einige der Zutaten mussten wir auf dem Schwarzmarkt besorgen. Damit bot sich eine gute Gelegenheit für meinen Vater, noch aus den Restbeständen seiner RM einiges auszugeben, bevor das Geld vollständig aus dem Verkehr gezogen wurde. Für ein Kilo Butter zahlte er zum Beispiel 1000,00 RM.

Zum Backen und Kochen benötigten wir sehr viel Butter, die in dieser Menge ansonsten nicht zu haben war. Natürlich wurde sie mit Margarine gestreckt. Aber für die Hochzeit musste man eben etwas investieren, wenn es schmecken sollte.

Drei Torten bestellte meine Tante in der Nachbarbäckerei. Aber wir mussten nur zwei davon bezahlen, wie meistens mit einigen Seifenstücken. Die dritte Torte bekam das Brautpaar von der Bäckermeisterin als Hochzeitsgeschenk. Die restlichen Bäckereien buken Oma und Tante selber. Somit war alles für die Hochzeit gut vorbereitet. Aber am Abend vor der Hochzeit sollte sich noch ein kleiner Zwischenfall mit der Militärpolizei ereignen.

Wie üblich, gab es am Abend vor der Hochzeit einen Polterabend, an dem altes Geschirr vor der Haustür des Brautpaares zerschlagen wurde, das es anschließend gemeinsam wegzukehren hatte. Auch kamen etliche Leute, die von der Hochzeit wussten, um bei uns vor der Haustür irgendein unbrauchbares Geschirr zu zerschlagen, was einen ziemlichen Lärm machte. Ganz plötzlich standen zwei uniformierte Militärpolizisten vor unserer Haustür und läuteten bei uns. Mein Vater schaute aus dem Fenster, um nachzusehen, wer da läutete. Er war einigermaßen erschrocken, als er sah, wer da draußen stand. Er lief sogleich die Treppe hinunter, um zu fragen, worum es ging.

Einer der beiden Militärs fragte in recht gutem Deutsch, was der schreckliche Lärm hier zu bedeuten hätte. Mein Vater erzählte ihnen, dass er am nächsten Tag heiraten würde, dass Scherben angeblich Glück bringen und dies ein alter Brauch bei uns sei. Sie fanden es zwar lustig, untersagten es aber trotzdem, damit weiterzumachen. Mein Vater wollte sich auf keinen Fall mit ihnen anlegen und bat die Leute, den Spaß zu beenden. Anschließend kehrte er gemeinsam mit seiner zukünftigen Frau die Scherben weg.

Die Hochzeit selbst, am darauffolgenden Tag, war sehr schön. Ich kann mich noch gut erinnern, dass wir schönes Wetter hatten und dass die Feier mehr oder weniger ein schönes, harmonisches Familientreffen war. Es war ja nicht mehr dasselbe wie bei jungen verliebten Leuten, die das erste Mal heiraten. Schließlich waren beide schon einmal verheiratet gewesen. Drum war es ganz einfach schön, sich mit Verwandten und Freunden bei einem guten Essen wieder einmal zu treffen. Die meisten von ihnen hatten sich seit Jahren nicht mehr gesehen, darum ging ihnen auch der Gesprächsstoff nicht aus.

Ich freute mich natürlich besonders, dass meine liebe Cousine Helga mit anwesend war. Wir hatten uns ebenfalls eine Menge zu erzählen, weil wir einander nur mehr selten gesehen hatten. Trotz des freudigen Wiedersehens spürten wir beide, dass die schönen, unbeschwerten Jahre unserer Kindheit wahrscheinlich für immer vorbei waren. So war es denn auch. Wir sollten uns nur noch einige wenige Male begegnen.

Nachdem die gelungene Familienfeier vorbei war, hatte uns der Alltag wieder. Mein Vater fand den Sommer über Arbeit. Wir hatten jetzt ein geregeltes Familienleben in der Rathausstraße und waren somit nur noch an den Wochenenden bei meiner Oma zum Mittagessen eingeladen.

In den Anfängen unseres gemeinsamen Familienlebens hatte ich leider Probleme mit meinem Vater. Ich war das freie und unbeschwerte Leben bei meinen Großeltern seit Jahren gewohnt. Es gefiel mir in keiner Weise, wenn mich mein Vater rügte – oder gar Verbote aussprach. Fast täglich war ich bei meiner Oma, um mich bei ihr über meinen bösen Vater auszuweinen und trösten zu lassen. Ganz habe ich mich nie an die neuen Gegebenheiten gewöhnt. Wenn es mir auch schwerfiel, so musste ich mit der Zeit lernen, damit umzugehen.

Aber schon bald lenkte mich von den Problemen mit meinem Vater eine neue Attraktion in Ratzeburg völlig ab, was zu meiner großen Freude geschah. Nach Einführung der DM wurde im Hotel Bismarck, wo vorher im großen Saal das neue Geld an die Bevölkerung ausgegeben worden war, von einer Frau ein zweites Kino eröffnet. Ich vermute, dass diese Frau entweder Amerikanerin oder Engländerin war. Ich kann mich nur noch an ihren Vornamen erinnern: „Irma". Auf alle Fälle wurden in ihrem Kino ausschließlich Hollywood–Filme vorgeführt.

Mein erster Film, den ich dort zu sehen bekam, hieß „Zorro", mit Tyrone Power. Nach diesem Film ging ich nur noch in dieses Kino. Hier wurde mir eine andere Welt vorgeführt, von deren Existenz ich bis dahin noch nie etwas gehört hatte. Es gab Seeräuberfilme mit Errol Flynn und Cowboy-Filme mit Ronald Reagan, Randolph Scott sowie später auch mit John Wayne. Diese Filme übten eine derartige Faszination auf mich aus, dass ich am liebsten täglich ins Kino gegangen wäre. Allein schon die Plakate in Großformat mit den schönen Schauspielern drauf lockten mich immer wieder ins Kino. Leider fehlte mir zu meinem Glück das nötige Geld, um mir alle diese traumhaften Filme ansehen zu können.

Aus diesem Grund machte ich mich immer wieder schlau, wo ich eventuell ein wenig Geld verdienen könnte, um öfter ins Kino gehen zu können. Irgendwann kam mir durch Zufall zu Ohren, dass Altmetall gut bezahlt wurde und dass deswegen viele Leute im Küchensee nach Metall fischten. Es waren die Überreste von den in den letzten Kriegstagen am Ufer des Sees liegenden und dort angeschossenen Wasserflugzeugen, die nach Beschuss gesunken waren. Also lag auf dem Grund des Sees jede Menge Altmetall und ich beschloss, mir davon auch einen Anteil zu holen.

Sofort besprach ich meine großartige Idee mit meiner Freundin. Ilse war genauso begeistert von dem Gedanken, sie ging nämlich ebenso gerne ins Kino wie ich. Wir überlegten kurz, wie wir das Ganze angehen könnten. Dabei kam mir ein glorreicher Gedanke. Mir fiel ein, dass mein Opa noch die langen Gummistiefel und den Enterhaken aus der Zeit, in der er bei den Rettungsaktionen half, besaß.

Jetzt musste ich nur noch meine Oma bitten, mir die Stiefel und den Haken, den ich als verlängerten Arm zum Heranfischen der Metallstücke benötigte, zu borgen. Ich wusste nämlich genau, dass sie wusste, wo sich die Sachen von meinem Opa aus der Zeit der Rettungsaktionen der verunglückten Segler befanden. Natürlich wollte sie wissen, wozu ich diese Dinge benötigte. Aber das konnte ich ihr auf keinen Fall sagen, weil sie mir diese Utensilien sonst um keinen Preis geborgt hätte. Nach sehr viel Bitten und Betteln händigte sie mir schließlich die Stiefel und den Enterhaken – nicht gerne – aus.

Für den Transport unserer eventuellen Funde nahmen wir uns den kleinen Handwagen vom Vater meiner Freundin mit auf den Weg. Wir wollten die schwere Last auf keinen Fall selber tragen. In unserer Fantasie rechneten wir damit, dass wir größere Mengen an Metall finden und durch deren Verkauf endlich genügend Geld fürs Kino haben würden.

Circa nach einer Stunde Fußmarsch erreichten wir den Ort, wo die angeblichen Schätze auf dem Grund des Sees liegen sollten. Wir hielten Ausschau nach einem geeigneten Platz am Ufer, wo das Wasser nicht allzu tief war und fanden eine Stelle mit spärlichem Schilfbewuchs, von dem ich einen freien Blick zum Ausschauen hatte. Diesen Platz hielten wir geeignet für unsere Aktion. Vom Ufer konnten wir beobachten, wie hinter dem Schilfgürtel, von der Seeseite aus gesehen, zwei Männer vom Boot aus ebenfalls nach dem begehrten Metall fischten. Wir staunten nur so, was für große Teile sie mit ihren langen Haken aus dem Wasser herausholten.

Da es schon Ende Oktober und entsprechend kalt war, trug ich schon meinen warmen Anzug. Er kam mir sehr entgegen, weil ich in den übergroßen langen Stiefeln meines Opas mit der dicken Hose besseren Halt hatte. Um nicht nass zu werden, wollte ich mit ihnen dann ins flache Wasser am Rand des Ufers steigen. Also nahm ich mir den Haken zur Hand und stieg so ins Wasser. Der Boden des Sees war weiß und sauber, sodass man alles sehr gut erkennen konnte. Wenn etwas Metallenes vor meinen Augen aufblitzte, zog ich es mit dem Haken so nah als möglich zu mir heran, um es dann mit dem aufgekrempelten Ärmel der rechten Hand leicht aus dem Wasser fischen zu können. Die Stücke reichte ich an Ilse weiter, die sie in den Wagen legte. Ich hatte sogar zwei Mal das Glück, Kupferspulen an Land zu ziehen. Schon nach kurzer Zeit hatte ich eine beachtliche Menge Metall aus dem See gefischt und war mit meinem Fang sehr zufrieden, bis zu dem Augenblick, als ich mich bei einem größeren Stück zu weit vornübergebeugt hatte – und ausrutschte.

Der Schock saß! Er fuhr mir durch den Körper! Die Stiefel waren sofort voll mit Wasser und so schwer, dass ich mich kaum aufrichten konnte. Blitzschnell suchte ich nach einem Ausweg, um nicht mit den schweren Stiefeln noch tiefer zu rutschen und zu verhindern, gänzlich unterzutauchen. Im Bruchteil von Sekunden erkannte ich meine Rettung in einigen Schilfhalmen, die ich schnell ergriff, um mich dann mit aller Kraft an ihnen hochzuziehen, damit ich wieder aufrecht stehen konnte. Es war mir kaum möglich, mit den schweren Stiefeln voranzugehen. Mit winzigen Schritten, unterstützt von der Stange des Hakens, kam ich nur langsam Schritt für Schritt voran – ans rettende Ufer. Mit zitternden Knien stieg ich aus dem Wasser. Ilse streckte mir ihre Hand entgegen, um mir behilflich zu sein. Ich spürte, wie auch ihre Hand zitterte, da ihr der Schock ebenfalls durch die Knochen gefahren war.

Jetzt stand ich da wie ein begossener Pudel. Ich zitterte am ganzen Körper durch die anstrengende Aktion. Zusätzlich war mir kalt.

Als Erstes befreite ich mich von den Stiefeln und zog mir samt den nassen Socken meine trockenen Schuhe an. Was blieb mir anderes übrig? So nass, wie ich war, konnte ich sowieso nicht nach Hause gehen. Ich konnte mir nämlich ausmalen, was sich zwischen meinem Vater und mir abspielen würde.

Um nicht noch mehr zu frieren, machten wir uns forschen Schrittes mit unserem Handwagen und den Schätzen auf den Weg nach Hause. Mir war klar, was sich zu Hause abspielen würde, wenn mein Vater von meiner leichtsinnigen Handlung erfahren hätte. Aber was blieb mir anderes übrig, ich brauchte so schnell als möglich trockene Kleider und musste deshalb auf jeden Fall nach Hause. Als wir so nachdenklich und stumm vor uns hin marschierten, kam Ilse der rettende Gedanke, und sie sagte auf einmal zu mir: „Wir gehen zu meiner Mutter und erzählen ihr die Geschichte und bitten sie, dass sie dir deine Kleider trockenbügelt, und trockene Unterwäsche kannst du derweil von mir borgen. Wie findest du das?" „Wenn deine Mutter das für mich tun würde, wäre meine Haut gerettet", meinte ich kleinlaut.

Aber bevor wir zu Ilses Mutter gingen, brachten wir erst noch schnell den Wagen mit unseren Schätzen samt Stiefel und Haken in den Schupfen im Hinterhof, um die Sachen zu verstecken. Wir hatten trotz meines Unglücks einige Kilo Metall zusammenbekommen, welches wir bei der erstbesten Gelegenheit beim Altwarenhändler verkaufen wollten.

Natürlich hat Ilses Mutter, als sie von unserem Leichtsinn erfuhr, fest mit uns geschimpft. Aber sie war trotzdem bereit, mir behilflich zu sein. Ich bin ihr heute noch dankbar dafür. Als Erstes nahm sie ein Handtuch und rubbelte mir, nachdem ich meine nassen Kleider ausgezogen hatte, den ganzen Körper trocken. War das angenehm! Anschließend bekam ich noch zum Aufwärmen eine Tasse heißen Tee. Ilse hatte in der Zwischenzeit das Bügeleisen zum Aufheizen angesteckt, und ihre Mutter begann sofort nach meiner Versorgung mit dem Trockenbügeln meiner Kleider.

Es war eine Prozedur, die dicke Hose auch nur einigermaßen trocken zu bekommen. Nach zwei Stunden anstrengender Bügelarbeit waren die Kleider immer noch nicht gänzlich trocken. Aber es blieb mir nichts anderes übrig, als die noch leicht klammen Kleider trotzdem anzuziehen. Es hatte inzwischen begonnen, dunkel zu werden, und ich musste unbedingt nach Hause. Unsagbar dankbar und herzlich umarmte ich Frau Krämer für ihre große Mühe, die sie sich mit mir angetan hatte. Danach verabschiedete ich mich und ging erleichtert nach Hause.

Ich hatte Glück im Unglück. Denn als ich nach Hause kam, war mein Vater nicht anwesend. Er war noch unterwegs, und meine Tante, die mein Bruder und ich seit der Hochzeit Mutter nannten, fragte nur so nebenbei, wo ich denn so lange gewesen sei. „Bei Ilse", antwortete ich erleichtert und war froh, dass sie keine weiteren Fragen stellte. Mein Vater hat von meinem Abenteuer nie etwas erfahren, aber meiner Mutter habe ich die Geschichte einmal in späteren Jahren erzählt. Sie war erschüttert und meinte: „Du hattest viel Glück – und einen Schutzengel. Ich bin froh, dass du nicht ertrunken bist."

Noch einmal mit heiler Haut davongekommen, traf ich mich am folgenden Tag mit Ilse. Wir wollten nämlich unseren Schatz gemeinsam verkaufen. Aber bevor wir zum Altwarenhändler gingen, brachten wir zuerst noch die Stiefel und den Enterhaken zu meiner Oma zurück, und anschließend trugen wir unseren Schatz zum Tandler. Wir waren schon sehr gespannt, wie viel Geld wir für ihn bekommen würden. Zu unserer großen Überraschung erhielten wir verhältnismäßig viel Geld. Der Erlös betrug 16,00 DM. Zu der Zeit bekam ein Arbeiter rd. 25,00 DM als Lohn für die ganze Woche. Das meiste Geld hatten die Kupferspulen gebracht. Für sie wurde ein besserer Preis gezahlt als fürs restliche Metall. Jeder von uns besaß jetzt 8,00 DM. Für diesen Betrag konnten wir etliche Male ins Kino gehen.

Wenn wir in die Nachmittagsvorstellungen gingen, kostete die Eintrittskarte für Jugendliche nur 50 Pfennig. Unseren Geldvorrat fürs Kino hielten wir gut versteckt für die Filme, die wir unbedingt sehen wollten, die sozusagen ein Muss für uns waren. Über den guten Ausgang unseres Abenteuers waren wir beide dankbar und freuten uns sehr, dass wir endlich ein wenig eigenes Geld zur Verfügung hatten. Sozusagen unser erstes selbstverdientes Geld.

Schon am 1. Dezember – ausgerechnet vor Weihnachten – wurde mein Vater wieder arbeitslos, und damit waren wir wieder in völliger Abhängigkeit von unserer Oma, um durch den Winter zu kommen. Aber dieses Mal sollte es Gott sei Dank der letzte sein. Schließlich hatte sie uns schon fast vier Jahre mit Lebensmittel versorgt. Zum Glück war es auch das letzte Jahr, in dem sie noch Wäsche für die Soldaten wusch. Im Jahr 1949 war endlich eine deutliche Verbesserung in der Wirtschaft spürbar, und mein Vater bekam schon im Frühjahr wieder eine Arbeit, aber dieses Mal endlich dauerhaft.

Es war auch an der Zeit, dass meine Oma endlich von der Last der Sorge um uns befreit wurde.

Die Autorin

Edith Slapansky, 1936 geboren, wuchs in Ratzeburg, Deutschland, im Krieg heran und absolvierte die Hauptschule. Wegen großer Arbeitslosigkeit im Nachkriegsdeutschland nahm sie in Schweden eine Stelle als Kinderbetreuerin in einer Familie an. Nach einiger Zeit kam sie an der Seite ihres Mannes, der Wiener war, nach Österreich. Nach dem Tod ihres Mannes beschäftigte sie sich mit Astrologie und Reiki und lernte noch Ungarisch. Ihre schriftstellerische Tätigkeit steht im Gedenken an ihre Großmutter, die in der Nachkriegszeit die Familie unterstützte.

novum VERLAG FÜR NEUAUTOREN

Der Verlag

„ *Wer aufhört besser zu werden, hat aufgehört gut zu sein!*

Basierend auf diesem Motto ist es dem novum Verlag ein Anliegen neue Manuskripte aufzuspüren, zu veröffentlichen und deren Autoren langfristig zu fördern. Mittlerweile gilt der 1997 gegründete und mehrfach prämierte Verlag als Spezialist für Neuautoren in Deutschland, Österreich und der Schweiz.

Für jedes neue Manuskript wird innerhalb weniger Wochen eine kostenfreie, unverbindliche Lektorats-Prüfung erstellt.

Weitere Informationen zum Verlag und seinen Büchern finden Sie im Internet unter:

www.novumverlag.com

Edith Slapansky
Der harte Weg zur Blumenkönigin

ISBN 978-3-99064-470-6
144 Seiten

Der berührende Lebensweg einer Wienerin aus ärmlichen Verhältnissen, die es, nach schlimmem Erleben im Kriegsdienst während des Zweiten Weltkrieges, schafft, ihren Traumberuf – Floristin – zu verwirklichen.